금융권 취업을 위한
첫.걸.음

금융
직무핵심
마스터

SD에듀
(주)시대고시기획

추천사

공무원으로, 그리고 민간기업 임원으로 경제 통상업무를 수행하면서 국제금융 시스템에 대한 올바른 이해를 시도하는 것은 어려운 도전 과제였다. 금융을 알지 못하면 반덤핑이나 상계관세 같은 무역구제 조사 실무를 제대로 처리하기 어렵거나 FTA나 WTO 통상협상에서 애로가 크다는 것이 오랜 실무 경험을 통해 느낀 바이다. 본 도서는 통상전문가나 무역통상 분야에서 일하기를 원하는 사람들에게도 금융과 이를 작동해 나가는 시스템 전반을 이해하도록 만들고, 이를 통해 보다 수준 높은 통상업무를 수행하도록 길잡이 역할을 해주리라 본다. 이 책은 비전공자도 알기 쉽게 금융을 소개하지만 담긴 내용은 전공자도 참조할 수준이기에 각각의 전문 분야에서 필요한 기본 금융지식 습득에 모자람이 없으리라 기대한다.

김경환 | 포스코 무역통상실 실장(전 베트남 하노이 경제 참사관, 시카고 영사)

금융권 현직자로서 수없이 많은 취업 전략과 관련된 질문을 받아왔지만, 증권업 외 타 금융사의 채용 트렌드와 정보를 파악하기에는 적시성과 정확성 면에서 부족함이 많았다. 저자는 금융 분야 취업전문가로서의 방대한 현장 경험과 풍부한 인맥, 견고한 이론적 지식을 바탕으로 트렌디한 금융 지식과 각 제도권의 기능 정보를 집대성하여, 금융권 입사 지원자 및 재직자들이 취업 단계에서 실무까지 십분 활용 가능하도록 본 도서를 집필한 것으로 사료된다. 취업 바이블로서 손색이 없다. 필독을 권한다!

성기송 | 한화투자증권 WM 상무(전 인사팀장)

금융권에서 어떠한 인재를 원하는지, 어떻게 준비를 해야 취업에 성공할 수 있는지에 관한 모든 노하우가 여기 있다. 금융권에 취업을 하고 싶어도 어디서부터 시작해야 할지 몰라 고민하는 취업준비생들에게 이 책을 적극 권한다.

이영민 | 숙명여대 인력개발정책학 주임교수

이 책은 금융기관 커리어를 고려하는 신입 및 경력사원에게 실질적인 도움이 되는 내용으로 가득 차 있다. 국내의 공공 및 민간 금융기관들을 총망라하고 있으며 금융 관련 협회까지 포함되어 있어 다루고 있는 정보의 폭이 타의 추종을 불허한다. 금융기관별로 설립목적과 주요 금융상품 등을 정리해 놓았기 때문에 금융 커리어를 희망하는 많은 이들에게 필수적인 지도와 나침반의 역할을 해 줄 것으로 기대된다.

강승완 | 가천대학교 경영학부 글로벌경영학과장/한국윤리경영학회 부회장

오랜 기간 창업 관련 일을 하면서 정부가 창업 지원에 1조 5천억 원이라는 예산을 투여함에도 불구하고 창업교육 과정에 금융 과목이 없다. 것이 이해되지 않았지만 사실은 권할 만한 도서와 커리큘럼도 없었다. 김현빈 교수의 '금융 직무핵심 마스터'는 금융권 취업을 원하는 사람들뿐만 아니라 이 시대를 살아가는 사람들이라면 꼭 알아야 할 금융시장에 대한 구조와 금융 전반에 걸친 이해를 넓히는 데 큰 도움이 될 것이다.

유희숙 | (사)한국재도전중소기업협회장

2021년 3월 개정 「특금법」(「특정 금융거래정보의 보고 및 이용 등에 관한 법률」) 시행으로 은행과 실명 계좌 거래 계약을 맺고 있는 가상자산 사업자(가상화폐 거래소)에도 자금세탁 방지 의무가 부여되는 등 금융권을 둘러싼 변화가 빠르게 진행되고 있다. 이에 따라 가상화폐투자자뿐 아니라 금융권 취업 준비생들도 금융기관에 대한 정의와 변화 등에 관심을 가질 필요가 있다. 김현빈 교수의 새 저서 '금융 직무핵심 마스터'가 은행 등 금융기관 취업을 준비하는 이들에게 공식 금융기관과 비금융권을 구분할 수 있는 능력을 키워주고 금융권 채용 변화에 대한 깊이 있는 정보를 제공할 것으로 기대한다.

최현석 | 국가기간통신사 연합뉴스 편집총국 독자팀장

근래 내가 후배들에게 가장 많이 하는 충고가 바로 금융을 공부하라는 것이다. 이는 업무를 떠나서 금융에 대한 이해 없이 현 시대를 살아갈 수 없기 때문일 것이다. 이 책은 금융의 주체들에 대한 설명을 담고 있어 취준생은 물론 사회초년생들에게도 금융에 입문하기 위한 초석으로 활용될 수 있을 것으로 기대된다.

국내 M 증권사 대체투자 본부장

금융이라는 것은 반드시 취업을 위해서가 아니더라도 우리 주변에서 흔히 접할 수 있는 용어이다. 하지만 전체적인 맥락보다는 단편적인 용어로 설명되는 도서가 시중에 많은데 본 도서는 마치 금융이라는 커다란 지도를 보듯이 전체를 보면서도 세부적인 설명이 있어 취업 준비를 하고 있는 전역장병뿐만 아니라 금융 계통으로 진로 및 취업을 지원해 주는 상담사에게 매우 유용한 가이드가 될 수 있으므로 적극 추천한다.

윤희철 | 국방전직교육원 일자리지원부장

2020년 여름 무렵의 일이다. 서울 시내의 한 대학에서 공대 대학원생들을 위한 금융특강 요청이 있었다. 공대생들이 금융에 관심을 가진다는 사실이 아주 마음에 들어 흔쾌히 수락했지만 나중에 담당 선생님의 이야기를 들어보니 강의 목적이 내 예상과는 차이가 있었다. 융합형 인재를 추구하는 스타트업 투자나 기술금융에 대한 관심 때문인 줄만 알았던 나의 거창한 예측과 달리, 학생들의 관심은 그저 개인의 자산을 늘리기 위한 주식이나 *헤지펀드와 같은 금융투자 방법에 초점이 맞추어져 있었다.

최근 들어 주식투자에 대한 일반인들의 관심이 부쩍 높아졌다. 그래서인지 내가 금융 강의를 한다고 하면 대다수의 사람들은 은행이나 증권회사 VIP 센터에서 서비스하는 투자상품 정보에 대한 내용을 떠올리고는 은근한 기대를 담아 질문한다.

물론 기업과 산업의 성장을 위해 직접금융시장이 활성화되고 자본시장이 건전하게 발전하는 것은 매우 고무적이고, 또 바람직한 일이다. 하지만 이와 같은 주식투자에 대한 관심이 지나치게 유행에 편승하는 것 같다는 느낌이 들어 안타까운 것 또한 사실이다.

---

*헤지펀드(Hedge Fund) : 개인을 대상으로 모집한 자금을 고수익 또는 위험회피 등을 목적으로 국제증권시장이나 국제외환시장에 투자하는 사적투자조합 또는 투자계약을 말한다. 헤지(Hedge)란 본래 위험을 회피, 분산시킨다는 뜻이지만 헤지펀드는 위험회피보다는 투기적인 성격이 더 강하다. 헤지펀드는 소수의 고액투자자를 대상으로 하는 사모 투자자본으로 주식, 채권만이 아니라 파생상품 등 고위험, 고수익을 낼 수 있는 상품에도 적극적으로 투자한다. 현재 국제금융시장에서 활동 중인 헤지펀드는 3,000여 개로 추산되며 자산규모 200억 달러가 넘는 퀀텀펀드나 타이거펀드가 그 대표적인 예이다.

금융시장의 구조와 금융제도에 대한 이해 없이 주식투자를 시작한다는 것은 아라비아 숫자도 모른 채 수학 문제를 해결하려는 것과 같다. 실제로 원금 손실의 위험이 높은 공격형 펀드로 투자금 전액을 날리다시피 한 소비자들 대다수는 단순히 펀드 상품을 대행하여 판매한 대형 금융기관에 대한 믿음이 지나치게 크거나, 판매대행이라는 구조를 잘 이해하지 못하고 있었다. 하지만 어디까지나 은행이나 증권사는 펀드 상품을 판매하는 곳일 뿐, 펀드 자체를 운용하는 곳이 아니다.

은행에서 판매하는 펀드나 보험상품인 **방카슈랑스는 은행의 비이자 수익으로 수수료 수익을 가져다 준다. 이처럼 수수료 수익을 위해 판매를 대행하는 자산운용사 펀드 상품에 대하여 은행이나 증권사 직원들이 과연 하나하나 자세하게 알고 있을까?
이것이 바로 은행이나 증권사 직원들의 설명만 순순히 믿고 소중한 돈을 투자하기에는 위험 부담이 크다고 말하는 근거이자, 가끔 증권사 지점에 걸려있는 ***이머징마켓에 투자하는 고수익 운용상품 광고를 볼 때 걱정스런 맘이 앞서는 이유다.

**방카슈랑스(Bancassurance) : 방카슈랑스라는 말은 유럽에서 만들어지고 발전된 개념으로 은행을 의미하는 프랑스어 'Banque'와 보험을 의미하는 'Assurance'의 합성어이다. 은행과 보험회사가 서로 연결되어 일반 개인에게 폭넓은 금융서비스를 제공하는 시스템을 말한다. 좁게는 보험회사가 은행의 지점을 보험상품의 판매 대리점으로 이용하여 은행원이 직접 보험상품을 파는 것을 의미하고, 넓게는 은행과 보험사 간의 공동 상품개발이나 종합적인 업무제휴도 포함한다. 유럽에서는 지난 1980년대 중반부터 점차 확대되었고, 우리나라에서는 2003년 8월부터 시행되었다.

***이머징마켓(Emerging Market) : 떠오르는 시장이라는 뜻으로, 신흥시장이라고도 한다. 1981년 세계은행의 이코노미스트 앙투안 반 아그마엘(Antoine Van Agtmael)이 아시아 지역에 투자하기 위하여 조성한 사모펀드인 '이머징마켓 성장펀드(Emerging Markets Growth Fund)'에서 유래한 것으로 알려져 있다. 이머징마켓은 해당 국가의 경제력이 빠르게 성장하고 개방화가 급진전되어 자본시장이 급성장하는 시장으로, 국제자본의 관점에서는 고수익성을 노리는 금융자금이 대규모로 유입되기 때문에 개발도상국이나 저개발국의 자본시장 발전 정도를 반영하는 척도로 활용하기도 한다.

물론 주식투자의 대가 워렌 버핏처럼 기업을 철저히 공부하고 분석하라는 말은 아니다. 하지만 적어도 금융기관, 금융인프라, 금융시장이 구성하는 금융시스템에 대한 기초 지식이 있어야 경제에 대한 기사, 금융 관련된 신조어의 의미를 이해하고 투자에 올바르게 활용할 수 있다.

어렵고 복잡하게만 생각하는 금융에 대한 부담감을 줄이고 '쉽게 기본은 알고 가자'며 친구, 후배, 학생들을 독려하는 마음으로 다시 글쓰기를 결심했다. 방대한 금융지식을 교과서처럼 자세하게 설명하고 싶은 생각은 없다. 다만 그림 지도를 펼쳐 보듯 독자들이 이 책을 읽고 금융시장의 구조를 쉽고 편하게 이해했으면 하는 바람이다. 나 역시 경제나 경영을 전공하지 않았다. 그렇기에 이 책을 읽는 독자 여러분도 의지만 있다면 금융 전문가가 될 것이라 자신 있게 말할 수 있다.

한편 이 책에서는 금융 관련 진로 설정에 도움이 될 수 있도록 가능한 한 많은 기업과 기관을 노출시켰으며 알짜 정보를 얻을 수 있는 관련 협회들 또한 다루었다. 특히 공공기관을 소개하는 장에서는 기관의 역할뿐만 아니라 평소 어렵게 느낄 수 있는 금융 용어나 금융상품들을 쉽게 이해할 수 있게 하는 데 주력했다.

학교를 졸업하고 사회에 첫발을 내딛는 취업준비생들에게 말해주고 싶다. 자신이 선택한 진로가 금융 관련이 아니라고 해서 앞으로도 금융과 인연이 없을 것이라 생각하는 것은, 입사하고자 하는 수많은 기업에 대한 이해를 포기하고 가는 것과 같다고.

운전을 하기 위해 필요한 지식이 자동차 제조에 대한 전문 지식과 다르듯, 금융을 다루기 위해 필요한 필수 지식은 금융업계에 종사하기 위해 필요한 지식과는 다른 관점으로 생각해야 한다. 부디 이 책을 읽고 독자 여러분도 이용자의 입장에서 금융을 이해하기를 바란다.

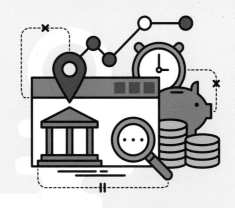

이 책의 차례

CHAPTER 03 **증권사와 자산운용사**

마치면서

정책기구와 금융공공기관

» 금융시장을 움직이는 정책과 금융보조기관

시장경제체제를 유지하기 위해 금융제도(금융시스템)라는 것이 존재한다. 경영학과나 경제학과에서는 '금융제도'라는 과목을 배우게 되는데, 우리가 금융을 쉽게 이해하기 위해서는 기초적인 금융제도에 대하여 숙지해 두는 것이 도움이 된다.

한국은행에서는 금융제도에 대하여 '금융거래에 관한 체계와 규범을 총칭하는 개념으로 금융시장, 금융기관, 금융기반구조(Infra-structure)로 구분된다.'라고 정의한다. 여기서 '금융기반구조'라는 말이 다소 생소하게 느껴질 수 있는데, 금융거래와 금융기관의 업무를 지원하고 감시하는 보조 기구 등을 포함하는 개념이다. 중앙은행, 금융결제원, 금융감독원, 예금보험공사 등이 금융의 기반구조를 이루고 있는 대표적인 기관들이다.

개인과 기업이 금융기관을 이용하여 금융거래를 하며, 예금, 적금, 주식투자, 외환, 채권투자, 실물투자 등의 각종 금융거래가 이루어지는 추상적인 공간개념이 바로 금융시장이다. 금융시장의 거래가 공정하고 건전하게 이루어질 수 있도록 감시하고 지원하는 모든 법률과 기구들을 금융기반구조라 보면 된다.

과거 필자는 금융권의 채용과 이직을 돕는 업무를 담당하면서 은행, 증권사, 금융공공기관 등 여러 기관과 금융거래의 상관관계를 이해하는 것이 힘들었던 적이 많았다. 하지만 '금융제도의 이해'를 배우고 난 뒤부터는 '아! 이거였구나'라는 깨달음과 함께 궁금증을 해소할 수 있었다. 하지만 정작 금융제도의 이해를 수강하는 많은 학생들은 이 과목의 중요성을 모른 채 그다지 흥미를 느끼지 못하는 경우가 많은데, 이는 학생들의 입장에서 실생활과 금융제도를 연결할 만한 경험이나 경력이 없기 때문이다. 따라서 이 챕터에서는 금융제도에서 금융시장이 원활하게 움직이도록 보조기구 역할을 수행하는 기관들과, 해당 기관의 인재채용에 대해 알아보고자 한다.

취업시장에서 소위 'A매치'로 불리는 금융감독원과 예금보험공사, 자산관리공사 등을 금융 제도 내에서 접근해 보면 기관의 역할과 상호 간의 연결관계를 쉽게 알 수 있다. 설령 금융 회사가 아닌 일반 기업에 취업을 하더라도 자금 조달은 기업 경영의 핵심이므로 금융 제도에 대한 기초 지식을 갖추고 있다면 실무뿐만 아니라 업무 중 의사소통에도 많은 도움이 될 것이다.

1 / 금융위원회

FSC; Financial Services Commission

비전 · 혁신적 금융, 포용적 금융, 신뢰받는 금융

'대한민국 금융을 움직이는 주요 정책을 결정하는 곳'이라 하면 상당수의 사람들은 한국은행이나 금융감독원을 떠올리겠지만, 대한민국 선진금융의 커다란 밑그림을 그리는 곳은 바로 '금융위원회'이다. 금융위원회는 대한민국 금융시장의 안정을 위한 신용질서와 공정한 금융거래 확립 등에 관한 사무를 관장한다. 바로 이 금융위원회에서 내놓는 정책들이 대한민국 금융제도 내 금융거래의 큰 틀을 마련한다고 보면 된다.

최근 기사에서 접하게 되는 포용적 금융, 혁신금융, 금융안정과 금융 규제 샌드박스 등이 금융위원회에서 지원하는 정책이며, 최근에는 여기에 코로나 19 금융지원에 관련된 정책이 추가되었다. 은행을 비롯한 대형 금융기관들의 업무 방향과 영업전략은 주로 금융위원회가 결정한 정책에 따라 움직이기 때문에 금융위원회에 대한 이해는 매우 중요하다.

금융위원회 홈페이지에 들어가 정책이나 보도자료를 살펴보면 뉴스에서 자주 언급되는 금융 이슈와 정책들을 바로 접할 수 있는데, 이는 금융기관들이 각각의 홈페이지에 올려 놓은 자료와 내용들의 밑그림이라 보면 된다. 금융기관 취업 시 작성해야 하는 자기소개서나 면접에서 최근의 금융 이슈와 관련되어 준비해야 할 내용들이 금융위원회의 보도 자료 및 정책 홍보 내용 등에 잘 나와 있으니 꼭 참고하자.

하지만 취업준비생의 입장에서 금융전문가가 되기 위해 금융위원회 입사를 희망한다고 해도 신입으로 금융위원회에 지원할 수 있는 기회는 거의 없다. 금융위원회에 입사하기 위해서는 금융업계에서 경력을 쌓은 뒤 한 분야에 정통한 전문가로 인정을 받거나, 금융학을 더 공부하여 정책 수립에 기여할 수 있는 역량을 만든 뒤 경력직으로 지원 또는 스카우트되는 것이 바람직하다. 하지만 금융인으로서 금융위원회의 경력을 꿈꾸는 것은 매우 매력적인 일이라고 할 수 있다.

• 포용적 금융(Financial Inclusion)

금융소외계층의 금융 접근성을 높여 취약 가구 및 기업에 대한 기회를 확장하는 것을 말한다. 전 세계 국가들은 2008년 글로벌 금융위기 이후 금융소외계층 지원 및 국제 공조 필요성에 대한 공감대가 형성되면서 포용적 금융 실현을 위한 노력을 이어 오고 있다.

• 혁신금융

기존의 금융제도로 지원하기 어려운 기업의 연구개발(R&D)을 뒷받침할 수 있는 금융지원제도를 의미하며 기술금융이나 지식재산권(IP) 대출 및 동산 담보 대출 등이 있다. 기술의 발전으로 인해 기술 중심의 기업을 지원할 수 있는 혁신금융에 대한 많은 연구와 제도 마련이 시급한 때이다.

• 규제 샌드박스(Regulatory Sandbox)

놀이터에서 어린이들이 안전하고 자유롭게 놀 수 있도록 모래를 쌓아 놓은 구역을 '샌드박스(Sandbox)'라고 하는데, 이는 핀테크 기업이 현행 규제를 적용받지 않으면서 자신의 혁신적인 금융상품과 비즈니스 모델을 시험할 수 있는 공간이나 제도를 뜻하기도 한다. 즉, 규제 샌드박스에 참여하는 소비자에게는 안전장치를 두고, 혁신적인 기업가에게는 규제를 면제하거나 완화함으로써 핀테크 기업의 새로운 도전과 시험을 활성화할 수 있다.

규제 샌드박스는 영국의 금융감독기구인 금융행위규제청(FCA)이 핀테크 전담조직(Innovation Hub)을 설치하고 지속적으로 관련 산업을 지원하기 위해 규제 개선의 필요성을 검토하는 가운데, 규제 개선을 위한 여러 방안들 중의 하나로 도입한 것이다. 규제 샌드박스의 장점은 다음과 같다.

① 혁신적인 아이디어가 시장(Market)에 접근할 수 있는 시간과 비용을 줄일 수 있다.

② 혁신기업의 자금조달을 쉽게 해준다.

③ 더 많은 혁신적 상품이 시험되고 시장에 도입될 수 있다.

④ 규제기관이 미리 새로운 상품 및 서비스에 대한 적절한 소비자 보호 안전장치를 확보할 수 있다.

2 / 금융감독원

FSS; Financial Supervisory Service

비전 · 금융은 튼튼하게, 소비자는 행복하게

국민의 안전한 생활을 위해 밤낮으로 지켜주는 경찰이 필요하듯, 금융의 건전한 발전과 질서 확립을 위해서는 금융감독기구의 역할이 반드시 필요하다. 만약 금융감독기구가 제 기능을 하지 못한다면 사채나 투기 등의 행위로 인해 국민의 생활과 국가 경제를 위협하는 심각한 부작용이 발생할 것이다.

이러한 사태를 방지하기 위해 국가별로 자국의 금융거래 안정과 신용질서 보호를 위한 금융감독기구를 가지고 있다. 또한 국가 간 글로벌 금융시스템 구축 및 개선, 그리고 감독기구 간의 협력 강화를 위해 **금융안정위원회**(FSB; Financial Stability Board), **바젤은행감독위원회**(BCBS; Basel Committee on Banking Supervision), **국제증권감독기구**(IOSCO; International Organization of Securities Commissions) 및 **국제보험감독자협의회**(IAIS; International Association of Insurance Supervisions)처럼 감독 · 조정 역할을 수행하는 국제기구가 존재한다.

우리나라의 금융감독원은 이전의 은행감독원, 증권감독원, 보험감독원, 신용관리기금의 4개 감독기관이 통합되어 1999년 1월 2일에 설립되었다. 금융감독원은 금융기관에 대한 검사·감독업무 등을 수행하여 건전한 신용 질서와 공정한 금융거래관행을 확립, 예금자 및 투자자 등의 금융수요자를 보호함을 그 설립 취지로 삼고 있다.

금융감독원은 주로 금융회사 감독, 금융회사 검사, 자본시장 감독, 회계 감독, 금융소비자 보호, 국제협력 및 교류와 조사연구 및 통계편제의 역할을 담당하는데, 여기서 감독 업무라 함은 '금융회사의 경영활동과 관련된 인허가 및 건전성을 감독'하는 것이며, 검사란 '금융회사를 대상으로 영업과 재무 활동의 건전성을 점검하여 금융회사의 건전한 경영과 금융 거래 질서를 유지'하게 돕는 것이다. 회계감독은 금융회사뿐만 아니라 일반 상장기업에 대한 심사·감리와 기업회계기준에 대한 해석으로, 내부·외부 회계감사를 진행하는 국가공인회계사 시험도 금융감독원에서 관리한다.

금융감독원 홈페이지 좌측 상단에는 '파인(Fine)'이라는 금융소비자 정보 포털 사이트가 있다. 파인에서는 은행, 증권, 휴면계좌에 대한 정보, 금융소비자 뉴스와 더불어 실시간 금융채용정보를 확인할 수 있으며 제도권 금융회사 조회도 가능하다. 또한 법규정보에는 금융감독판례가 최근부터 시간순으로 명시되어 있어, 금융 사고에 대한 유익한 정보를 얻을 수 있다.

금융감독원은 신입공채와 수시경력채용을 통해 인재를 선발하고 있는데 신입은 5급 종합직원 지원으로 거의 매년 약 60여 명의 인원을 경영, 경제, 법학, IT, 금융공학, 통계학, 소비자학 등 7개 직렬로 나누어 채용하고 있다. 이른바 A매치라고 불리는 금융권의 최고 직장인 금융감독원은 금융기관의 준법 감시, 감사, 회계 부서와 관계된 업무가 많으며, 특히 금융 감독 분야에서는 최고의 경력을 쌓을 수 있는 곳이기도 하다. 예전에는 금융감독원 출신 임직원을 스카우트하고 싶어 하는 금융회사들이 더러 있었는데 현재는 감독기구로서 비리 유착 방지를 위해 퇴직 임직원의 금융회사로의 재취업을 제한하고 있다.

우량 중소기업의 막대한 피해에 대한 보상과 배상문제가 논란이 되고 있는 키코사태라든가 자산운영사 펀드로 인한 소비자들의 피해 상황 등 금융상품 인허가에 대한 책임과 비난에서 금융감독원 또한 자유로울 수는 없다. 따라서 금융사고를 사전에 예방하고 감독할 수 있는 높은 전문성과 소비자 중심의 직업윤리를 지닌 인재가 금융감독원에 많이 도전해 주었으면 하는 바람이다.

금융감독원의 신입사원 채용은 블라인드 채용으로, 전공제한은 없으며 1차 NCS 필기시험은 직업기초능력평가 중 의사소통능력, 수리능력, 문제해결능력의 영역에서 객관식으로 출제되고, 2차 필기시험은 전공평가와 논술시험이다. 2022년 하반기 신입 5급 공채에서는 금융감독원 창립 이후 최대 인원인 130명을 채용했다. 그러나 금융권에서도 이름난 직장으로 유명한 만큼 금융감독원의 전공 필기시험은 난이도가 높기로 악명이 높다.

· 금융안정위원회(FSB; Financial Stability Board)

FSB는 금융위기 예방 및 대처방안 연구, 국제금융시스템 안정성 강화에 대한 국제협력 등을 위해 독일연방은행 총재의 제의로 1999년 설립된 금융안정포럼(Financial Stability Forum)을 근간으로 한다. 최초에는 G7 국가, 호주 등 12개 회원국과 함께 IMF, BCBS 등 10개의 국제기구로 구성되었지만, 2009년 대한민국을 비롯하여 13개 국가가 신규 회원 국으로 가입하면서 금융안정위원회(Financial Stability Board)로 개정하였다. 각국 중앙 은행, 재무부, 감독기구 등이 금융안정위원회 회원기관으로 참여하고 있으며 우리나라 에서는 한국은행과 금융위원회가 회원으로 활동하고 있다.

FSB는 각국 금융당국과 국제적 기준제정자들이 회원기관으로 역할을 수행하고 있어 업 무영역이 넓다. 글로벌 금융시스템의 취약성 파악, 시스템적으로 중요한 금융기관(SIFI; Systemically Important Financial Institution) 규제, 장외파생상품시장 규제, 섀도 뱅킹 (Shadow Banking) 감시 및 규제 등이 주요 주제로 논의된다.

· 바젤은행감독위원회(BCBS; Basel Committee on Banking Supervision)

BCBS는 1974년 은행 규제, 감독기준 개발 및 국제협력 증대를 위해 G10 중앙은행 총 재회의 결의로 설립된 국제기구로, 이후 회원국이 확대되어 현재는 27개국 중앙은행과 감독기구가 회원기관으로 활동하고 있으며, 우리나라는 한국은행과 금융위원회의 위임 을 받은 금융감독원이 회원으로 활동하고 있다.

BCBS는 주로 은행 규제에 초점을 맞추어 활동하고 있는데, 2010년 발표한 「바젤Ⅲ 자 본 및 유동성규제」의 국별 이행상황을 점검하고 동 규제가 전 세계적으로 일관성 있게 시행되도록 하는 데 역량을 집중하고 있다. 아울러 은행의 위험관리 강화를 할 수 있도 록 시장리스크 측정 체계 및 시스템적 중요 금융기관에 대한 추가 규제 방안도 논의하고 있다. 그밖에 전 세계적으로 은행 규제가 잘 이루어지고 있는지를 감독하는 역할도 수행 한다.

· **국제증권감독기구(IOSCO; International Organization of Securities Commissions)**

증권 분야의 감독기준을 논의하는 국제기구로, 약 120개국 200여 개의 기관이 회원이다. 한국에서는 금감원과 거래소, 금투협, 예금보험공사가 회원사로 등록되어 있으며, 2017년 금감원과 금융위원회가 IOSCO 산하 '자산운용 및 일반투자자 정책위원회' 신규 회원국으로 등록하기도 했다. 우리나라는 IOSCO 8개 정책위원회 중 5개(회계 · 감사 · 공시, 유통시장, 시장중개기관, 조사 · 제재, 신용평가)에 가입, 활발한 국제업무를 수행해 오기도 했다.

· **국제보험감독자협의회(IAIS; International Association of Insurance Supervisions)**

국제보험감독자협의회(IAIS)는 보험의 사회경제적 중요성 확대 및 보험산업의 글로벌화에 따라 각국 보험감독당국 간 상호협력 및 정보교환을 목적으로 1994년에 설립되었으며, 현재는 국제보험감독기준 제정, 보험계약자 보호, 금융안정성 제고 등의 역할도 수행하고 있다. 사무국은 스위스 바젤에 소재하고 있으며, 2018년 9월 현재 142개국 150개 보험감독당국 및 8개 국제기구(총 158개 회원)가 회원으로 가입되어 있다.

금융감독원은 IAIS의 창립회원(Charter Member, 68개 회원)으로 2002년부터는 금융위원회와 공동회원으로 활동하고 있으며, 특히 2008년부터 실질적인 최고 의사결정기관인 집행위원회(Executive Committee)의 위원으로 활동하고 있다. 그 외에도 기준제정을 담당하는 정책개발위원회(Policy Development Committee)와 거시건전성위원회(Macroprudential Committee) 및 기준이행을 담당하는 이행평가위원회(Implementation and Assessment Committee)의 위원으로 활동하고 있으며, 보험자본규제, 보험회계 등을 담당하는 7개 실무작업반에도 참여하고 있다.

· 키코(KIKO)와 키코사태

KIKO(Knock In Knock Out, 이하 키코)는 본래 환율 변동으로 인한 위험을 줄이기 위해 만들어진 파생상품으로 은행에서 기업에게 판매한 금융상품이다. 하지만 키코상품에는 두가지 조항이 포함되어 있었는데 이 때문에 애초부터 불완전 판매를 노리고 만들어진 상품이라는 주장이 있어 지금까지 논란이 되고 있다.

키코사태 이전 2003년부터 2007년까지 상당히 장기간 동안 달러 환율이 900원대에 머물렀고, 키코상품은 환율 하락에만 초점이 맞추어져 있어 초기 일부 키코에 가입한 기업들은 환차익을 보기도 하였다. 하지만 2008년부터 환율이 900원대에서 1,500원대로 급등하게 되었고 이로 인해 키코에 가입한 대부분의 중소기업들이 도산하게 된다.

금융감독원이 2010년에 발표한 바에 따르면 피해기업은 738개사, 총 손실액은 3조 2,247억 원에 달하며 피해기업들의 상당수가 특히 수출입에 관련된 건실한 중소기업들이었기 때문에 안타까움을 더하고 있다.

3 / 예금보험공사

KDIC; Korea Deposit Insurance Corporation

비전 • 안전한 예금, 따뜻한 금융, 행복한 국민

우리에게는 '대공황'으로 잘 알려져 있는 미국의 1929년 경제 위기 당시, 약 9,000개가 넘는 미국의 은행들이 파산했다고 한다. 흔히 한 은행이 파산을 해서 문을 닫게 되면 경쟁관계에 있는 다른 은행들의 입장에서는 고객들을 더 영입할 수 있는 좋은 기회가 될 수 있다고 생각할지도 모르겠지만, 사실 인간의 군중심리는 그렇게 호락호락하지 않다. 은행의 파산으로 인해 은행에 맡겨둔 돈이 안전하지 않을 수 있다는 불안감을 느끼게 되면, 예금주들이 금융기관에 있는 돈을 한꺼번에 찾아가는 대규모 인출 사태인 뱅크런이 발생할 수 있다.

우리나라의 경우 1997년 외환위기 발발 직후 1998년 6월에 신설은행이었던 동화은행, 동남은행, 대동은행, 경기은행, 충청은행이 퇴출은행으로 지정되었다. 은행의 퇴출은 금융기관의 신뢰를 크게 떨어뜨리고 국민들의 삶에 이루 말할 수 없는 상처를 준다. 이후 많은 이들은 시중은행과 같은 대형금융기관이 망할 수 있는 가능성에 대비해야 한다는 교훈을 얻기도 했다.

이처럼 금융회사의 영업정지 혹은 파산은 예금자는 물론 금융제도에 크나큰 타격을 입히고 나아가 국가 경제를 위협할 수도 있다. 국가에서는 이와 같은 사태를 미연에 방지하기 위해 '예금자보호법'을 제정하여 고객의 예금을 보호하는 예금보험제도를 운영하고 있는데, 이 예금보험제도의 운영 주체가 '예금보험공사'이다.

일상생활에서 발생할 수 있는 사고에 대한 안전장치로 여러 보험이 필요하듯, 예금보험제도는 국민의 금융자산보호를 위해 반드시 필요한 제도이다. 예금보험은 금융기관으로부터 보험료를 받아 예금보험기금을 적립, 금융기관의 파산 및 영업 정지 시 큰 피해를 볼 수 있는 예금자를 보호하는 공적보험이다. 이와 같이 예금자보호법과 예금보험제도는 금융시장의 안정성 유지를 위한 기반 역할을 한다.

예금보험공사는 예금보호기금을 적립하기 위해 금융회사가 납부한 예금보험료 외에도 직접 채권을 발행하기도 하며, 이렇게 마련된 공적자금으로 금융회사를 지원하는 한편, 금융회사의 부실 여부를 확인했을 경우에는 공적자금을 회수하고 관련자에게 책임을 추궁하며 부실금융회사 정리절차를 밟기도 한다. 이처럼 예금보험공사는 금융회사에 부실이 실제로 발생한 사실을 확인한 이후에는 정리절차 업무를 수행하지만, 가능하면 그 이전에 금융회사의 부실 가능성을 조기 파악하여 기금 손실을 최소화하기 위해 노력하고 있다. 예금보험공사 홈페이지 내 금융회사 종합정보에서는 각 은행과 증권사, 자산운용사 등의 금융투자회사, 보험회사 및 저축은행들의 경영정보를 확인할 수 있으니 참조하도록 하자.

예금보험공사의 인재상으로는 책임감, 소통, 전문성이 있는데, 대부분의 금융 공공기관에서 요구하는 전문성은 상당히 높은 수준이므로 체계적으로 계획을 세워 준비해야 한다. 예금보험공사에서 주로 채용하는 분야는 금융일반(경제, 경영), 전산학(IT)이다. 따라서 신입채용 중 필기 전형의 경우 전 채용 분야 공통으로 NCS 기반의 직업기초능력평가를 평가하며, 채용 분야별로 직무수행능력평가(경영, 경제, 금융시사, 전산학)를 치르게 된다. 물론 이들 중 가장 어려운 관문은 뭐니뭐니 해도 논술 시험이다.

예금보험공사는 일반행정 분야에서 채용형 인턴보다 더 많은 인원의 체험형 인턴을 뽑고 있다. 이러한 금융공공기관의 인턴은 일반 입사만큼 준비가 어려운 것으로 알려져 있지만, 그만큼 채용과정에서 가점으로 인정받는 경우도 있고, 설령 가점을 받지 못한다 하더라도 금융권에 종사하는 선배들의 곁에서 직접 보고 배울 수 있는 귀중한 경험이 된다. 준비과정 또한 유용한 훈련이므로 예금보험공사를 준비하는 취업준비생이라면 체험형 인턴에도 적극적으로 도전해 보기를 바란다.

· 군중심리(Crowd Mind)

군중심리는 사회심리 현상의 하나로 집단으로 모인 여러 사람들이 타인의 일상적인 사고와 같거나 혹은 다르더라도 그 범위를 뛰어넘는 행동을 하게 되는 상태를 말한다.

· 뱅크런(Bank Run)

예금인출사태(뱅크런)는 은행이 기업에 대출해 준 돈을 돌려받지 못한다거나, 주식 등의 투자 행위에서 손실을 입어 부실해지는 경우, 은행에 돈을 맡겨 두었던 예금주들이 한꺼번에 돈을 찾아가는 것을 의미한다. 이 같은 현상의 원인은 파산의 위험이 높은 부실 은행에서 파산 후에 돈을 받지 못할 위험을 없애기 위해 자신의 돈을 우선적으로 확보하고자 하는 예금주들의 태도에서 비롯된 것이다.

· 외환위기

대외 경상수지 적자 확대와 단기유동성 부족 등으로 인해 대외 거래에 필요한 외환을 확보하지 못하여 국가 경제에 치명적인 타격을 주는 현상이다. 통상적으로는 통화위기(Currency Crisis)라 하고 포괄적으로는 경제위기라 한다.

기업경영 및 금융 부실로 대외 경상수지 적자로 외환 보유고가 크게 떨어져 결제 외환 확보에 허덕이게 되면, 대외신뢰도가 떨어져 해외로부터 외환 차입이 어려워지게 되고 외환시장의 불안으로 환율 상승의 압력이 가해지는 악순환을 겪게 된다.

이에 그치지 않고 외국자본이 일시에 빠져나가며, 화폐가치와 주가가 폭락하여 금융기관이 파산하고, 예금주들은 일제히 금융기관으로 몰려가 예금을 인출한다. 이어 기업의 도산이 속출하고 실업자가 양산되어 사회적 불안이 가중된다.

이러한 외환위기를 극복하고 해결하는 방법으로는 국제통화기금(이하 IMF)의 구제금융을 받는 것과 금융·기업·노동 등 경제주체의 개혁 등이 있다. 그러나 IMF의 구제금융 조건은 엄격한 재정긴축과 가혹한 구조개혁을 요구하기 때문에 금리 상승과 경기 악화, 실업률 상승 등의 악순환으로 이어질 수도 있다. 역사적으로 대표적인 외환위기로는 바이마르 공화국 초인플레이션, 1994년 멕시코 경제위기, 1997년 아시아 금융위기, 1998년 러시아 금융위기, 1999년-2002년 아르헨티나 경제위기, 2016년 베네수엘라 경제위기, 2018년 터키 외환부채위기 등이 있었다.

· 예금보험제도(Deposit Insurance)

은행 등 금융회사가 파산 등의 이유로 예금자에게 돈을 돌려줄 수 없을 때 예금보험기관이 대신금액을 지급하는 제도다. 1995년 예금자보호법 제정과 더불어 예금보험공사는 일부 금융사의 부실이 전체 금융시스템의 건전성에 영향을 미치지 않도록 하기 위해 이 제도를 도입했다. 금융상품 중에서 예금 · 적금 · 부금 및 원금보전형 신탁 등이 예금보호 대상이 된다.

단, 후순위채권 · 펀드와 같이 원금이 보장되지 않는 투자형 상품은 보호대상이 아니며, 보험기금은 금융회사들로부터 갹출하는 보험료로 충당한다. 금융사들이 낸 보험료를 다 소진했을 경우엔 예보가 채권을 발행해 필요 자금을 조달하게 된다.

예금 대지급 한도는 금융회사당 원금과 이자를 합쳐 1인당 5,000만 원이며, 예금보험에 가입한 금융사(부보 금융사)는 은행, 보험사, 증권사, 종합금융회사, 저축은행 등이다. 새마을금고나 신용협동조합 등은 예금보험이 아니라 자체적으로 조성한 자금으로 예금지급을 보장한다.

4 / 한국자산관리공사

KAMCO; Korea Asset Management Corporation

비전 • 국민에 안정을, 기업에 활력을, 국가자산에 가치를 더하는 리딩플랫폼

　뉴스나 신문에서 NPL 또는 부실채권이란 말을 가끔 들어본 적이 있을 것이다. NPL(Non Performing Loan)은 은행에서 이자 수익을 위해 부동산 등을 담보로 대출을 해 주었다가 대출이자가 3개월 이상 연체된 무수익여신, 즉 수익을 내지 못하는 여신을 일컫는 용어로, 부실채권과 같이 대출금 가운데 회수가 불확실한 돈을 의미한다.

　이자 수익을 위해 대출을 실행한 은행의 입장에서는 연체로 이자 또는 원리금을 받지 못하게 되면 손실이 발생하여 자산 건전성에 위험 요인이 된다. 은행의 주 상품인 여신은 현재 상태를 진단하여 회수 가능성, 즉 건전성에 따라 '정상', '요주의', '고정', '회수의문', '추정손실' 다섯 가지로 구분하며 정상을 제외한 나머지를 부실채권으로 본다.

　사람에게 생명을 위협하는 질병이 생기면 치료를 하거나 수술을 통해 환부를 도려내야 하듯, '질병에 걸린 자산'인 부실채권의 상태를 진단하여 적절하게 치료하는 곳이 바로 한국자산관리공사이다.

그렇다면 병에 걸린 자산은 과연 어떤 방식으로 치료할까? 무엇보다 부실자산의 현재 상태를 정확히 파악하는 것이 중요하다. 한국자산관리공사는 해당하는 부실자산을 진단, 평가, 분류한 후 **채권추심업무**, 부동산 매각 등의 방법을 통해 회생시킨다.

연체 등으로 발생한 부실채권, 부실기업의 채권이나 자산을 받아 이를 관리, 정상화, 매각을 전문으로 하는 회사를 총칭해서 '자산관리회사'라 하는데 이들 중 한국자산관리공사, 즉 캠코는 자산관리회사의 대표 기업이다. 캠코는 공적자산관리전문기관으로 금융회사의 부실채권 인수 및 정리, 가계부실채권 인수 및 취약가계 신용회복 지원, 기업자산 인수 및 위약기업 구조조정 지원, 국·공유 재산을 관리, 개발, 체납조세정리 업무 등을 수행한다.

1962년에 설립된 한국자산관리공사는 금융위원회 산하 기금 관리형 준정부기관으로 공공기관 지방이전사업에 의해 2014년 12월에 본사를 부산 국제 금융 센터로 옮겼다. 캠코 초기 설립 당시의 이름은 '성업공사'였으나 1999년 공사법 개정 이후 한국자산관리공사로 명칭이 바뀌었다. 캠코는 IMF **외환위기**, 2002년 **신용카드대란**, 2008년 **글로벌 금융위기**와 같은 큰 위기 속에서도 금융회사들의 부실채권과 부실기업의 채권 및 자산을 신속히 처리하여 국가 경제의 안전망 역할을 하였다.

한국자산관리공사 역시 NCS(국가직무능력표준) 기반 능력중심 채용으로 인재를 선발하고 있으며 신입채용의 경우 금융일반, 건축, IT 등 직군별로 실시하고 있다. 신입채용에서 5급은 한국사능력검정시험 2급 이상, 6급은 한국사능력검정시험 4급 이상의 지원 자격을 두고 있다. 한국자산관리공사의 필기전형은 직무수행능력(5급)과 직업기초능력(6급)을 실시하고, 면접은 1차 직무역량면접과 인성검사, 2차 인성면접이 진행된다.

· 채권추심업무(Debt Collections Activities)

채권자의 위임을 받아 약정한 기일 이내에 채무를 변제하지 아니한 자에 대한 재산조사, 변제의 촉구 또는 채무자로부터의 변제금 수령을 통하여 채권자를 대신하여 상행위로 인한 금전채권, 판결 등에 따라 권원(權原)이 인정된 민사채권, 다른 법률에서 신용정보회사에 채권추심의 위탁을 허용한 채권 등을 행사하는 업무를 말한다. 채권추심업무를 영위하기 위해서는 일정한 인적 · 물적 요건을 갖추어 금융위원회의 허가를 받아야 한다. 한편, 2009년 8월 7일 시행된 「채권의 공정한 추심에 관한 법률」은 채권추심업자가 채권추심 업무를 수행함에 있어 폭행, 협박, 위계 또는 위력을 행사하는 행위, 채무자 또는 그 관계자에게 채무에 관한 허위사실을 알리는 행위, 채무자 외의 자가 채무사실을 알 수 있게 하는 행위, 공포심과 불안감을 유발하여 사생활 또는 업무의 평온을 심히 해하는 행위 등을 엄격하게 금지하고 있다.

· IMF 외환위기

1997년 11월 외환고 보유 실패와 미숙으로 국제통화기금(IMF; International Monetary Fund)으로부터 자금을 지원받게 된 사건을 일컫는다. IMF 외환위기 또는 IMF 경제위기라고 자주 언급되지만 정확한 표현은 아니다. 1997년 12월 3일에 IMF로부터 긴급 융자를 받게 되었고 이후 IMF가 요구하는 경제체제를 수용하고 그 요구에 따라 국가경제 구조조정이 시작되었다. 영화 〈국가부도의 날〉은 1997년 IMF 경제위기를 배경과 주제로 삼아 만들어진 영화이다.

• 신용카드대란

2002년 가계 신용카드 대출 부실 사태를 일컫는 용어로, 2002년부터 2003년까지 약
수백만 명을 신용불량의 늪에 빠트리며 한국 경제계와 사회에 충격을 준 사건이다.

정부는 소비를 통한 경기부양과 원활한 세금징수를 위해 신용카드를 통한 경기부양을
시도했는데 이 과정에서 신용카드에 대한 규제가 상당히 완화되었고, 기업들은 앞다투
어 신용카드 발급을 남발하며 대출을 확대하였다. 이 과정에서 기업들은 부적절한 사람
들에게도 신용카드를 쉽게 발급해 주었고, 광고를 통해 신용카드를 사용하는 사람이 인
생을 멋지게 사는 사람이라는 이미지를 심어주며 신용카드 사용을 부추겼다. 결국 2003
년 전체 신용불량자 372만 명 중 신용카드 불량자가 239만 명으로 60%가 넘는 비중을
차지하는 결과를 낳았다.

• 글로벌 금융위기

2000년대 후반 미국의 금융 시장에서 시작되어 전세계로 파급된 대규모의 금융위기 사
태를 통틀어 이르는 말로, 1929년 경제 대공황에 버금가는 세계적 수준의 경제적 혼란
을 초래했다. 서브프라임 모기지 사태라고도 불리는데 미국의 TOP 10에 드는 초대형
모기지론 대부업체가 파산하면서 시작되었고 2008년 9월 미국 4번째 투자은행인 리만
브라더스의 파산으로 본격화되었다. 위기의 가장 큰 원인은 부실대출과 증권화라고 보
고 있다.

5 신용보증기금 & 기술보증기금

Korea Deposit Insurance Corporation & Korea Technology Finance Corporation

---

비전 • 기업의 도전과 성장에 힘이 되는 동반자 & 기술의 가치를 더하는
[중소 · 벤처기업의 NO.1 혁신성장파트너]

금융산업의 특수성은 금융 외 타 산업을 돕고 지원함으로써 발전 · 성장해 나가는 조력의 역할에 있다. 그렇기 때문에 금융회사의 광고에는 동반자란 표현이 종종 등장하며, 지원하는 산업군의 변화에 직간접적으로 영향을 받아 함께 변화한다. 예를 들어 FAANG(팡) 또는 WNSSS(윈스)란 신조어가 있다. 최근 몇 년간 미국의 주식시장을 선도하는 IT 및 소셜미디어, 플랫폼 및 결제시스템 기업들의 이니셜을 조합하여 만든 상징적 용어인데, 이를 통해 산업혁명 이후 대형 제조업 중심이었던 미국 주식시장의 트렌드 전환을 뚜렷이 느낄 수 있다.

최근 모험자본 육성이란 말이 자주 등장하는데, 우리나라도 새롭게 시장을 선도할 산업을 육성해야 하며, 이를 위한 도전을 금융환경이 뒷받침해 주어야 한다는 의지가 반영된 것으로 보인다. 금융산업에서 창의성과 혁신성이 자주 언급되는 이유 역시, 창의적이고 도전적인 신산업 분야와 기업을 지원

하기 위해서는 과거에 갇혀 있는 기법과 시스템만을 고집할 수 없기 때문이다.

　지적재산권, 특허권, 창의적 기술 또는 콘텐츠가 자산인 유망 신생기업을 제조업 기반의 기업들과 똑같은 방식으로 지원할 수는 없는 상황에서 '보증제도'는 신생기업들에게 큰 힘이 될 수 되는 지원제도이다.

　보증제도란 담보력이 부족한 기업에 대해 신용보증기금(이하 신보), 기술보증기금(이하 기보)과 같은 공적기관이 그 채무의 이행을 보증해 주는 제도로서, 보증기관에서 발급해 준 보증서는 금융회사에서 담보와 같은 역할을 한다.

　벤처나 스타트업 같은 기업은 뛰어난 아이디어나 기술력을 갖고 있다 해도 쌓아놓은 신용이나 담보로 제공할 자산이 없어 자금조달에 어려움을 겪을 수밖에 없다. 이때 은행이나 그 외의 제도권 금융기관 영업 담당자들은 이러한 보증제도를 운영하는 신보와 기보의 상품을 활용하기 위해 사전에 해당 기관 담당자들과 업무적 관계를 맺는다. 국내 보증시장은 크게 신용보증기금(신보), 기술보증기금(기보), 지역신용보증재단(지역신보)로 나누어져 있는데, 신보는 보증을 통한 국내 중소기업의 자금 지원 업무를 수행하고, 기보는 기술력은 있으나 담보가 부족한 중소기업을 지원하는 일을 수행한다. 현재 신보는 대구광역시 첨단로에 기보는 부산 문현금융로에 위치하고 있는데 신보와 기보는 보증의 중복이 간혹 문제가 되기도 한다.

　신보와 차별화된 기보의 대표상품으로는 기술평가보증이 있는데, 주로 기술과 기술력 지원에 초점이 맞추어져 있다. 기보는 기술평가를 기반으로 기업의 창업단계부터 위기, 재도전 단계에 걸친 다양한 성장단계별로 기술금융 상품과 연결시키는 기술금융종합지원기관이다.

신보의 주 채용 분야는 신용보증심사이고 기보는 기술평가, 기술보증, 채권관리 등이며, 두 기관 모두 체험형 인턴제도를 운영하고 있다. 두 기관은 융합형 인재, 통섭형 인재와 같은 새로운 인재상이 가장 요구되는 기관이라 볼 수 있는데, 채용을 위해서는 금융 전문지식이 필수로 요구되는 것은 물론, 창업과 전망 있는 중소기업 및 기술을 선별하기 위한 관련 산업 이해력 및 통찰력, 그리고 의사소통능력이 필요하다.

· FAANG(팡)

페이스북, 아마존, 애플, 넷플리스, 구글 지주회사의 알파벳 첫 자리를 따 만든 용어로, 2014년에서 2017년 동안 글로벌 IT 업계와 4차 산업을 이끌어 온 기업들을 일컫는다.

· WNSSS(윈스)

미국의 경제전문지 『마켓워치』가 FANNG의 투자 대안으로 제시한 기업들로 웨이보 (Weibo), 엔비디아(Nvidia), 서비스 나우(Service Now), 스퀘어(Square), 쇼피파이 (Shopify)의 알파벳 첫자리를 따서 만든 용어이다.

· 모험자본(Venture Capital)

위험도가 높지만 평균이익보다 많은 이익을 가져올 가능성이 있는 기업을 시작하거나, 기존 기업에서 이런 사업을 시작할 때에 필요로 하는 자금의 중요한 원천으로, 위험자본 (Risk Capital)이라고도 부른다. 1980년대 모험자본을 찾는 기업 중에서 우수한 기업은 성장 산업과 첨단기술 산업 등에 주로 속하는 기업들이다. 우리나라의 경우 한국기술개발주식회사, 한국기술진흥주식회사, 한국 기술개발금융회사, 한국개발투자회사 등이 모험자본을 제공한다.

· 기술평가보증

기술보증기금의 대표적인 상품으로 기술금융의 한 종류이다. 기술금융이란 창업, R&D, 사업화 등 기술혁신 과정에서 필요한 자금을 기술평가를 통해 공급하는 기업금융의 형태로 지원방법 및 회수조건 등에 따라 투 · 융자와 보증, 출연, 복합금융 등으로 구분된다.

• 신용보증

돈이 필요해도 담보가 없어 대출을 받지 못하는 사업자나 보증금이 없어 공사계약을 하지 못하는 이들에게 신용보증기관들이 보증을 대신 해줌으로써 돈을 빌어 쓸 수 있게 하거나 공사를 계약하게 해주는 제도. 신용보증의 종류에는 공사이행보증, 어음보증, 지급보증 등이 있다.

우리나라에서는 1976년에 설립된 신용보증기금이 이 업무를 맡아 영세사업자들의 자금융통을 돕고 있으며 대한보증보험도 보증업무를 취급하고 있다. 담보가 없는 중소기업이라도 신용보증기금의 보증을 받으면 보증한도 내에서 은행대출을 즉각 받을 수 있다. 신용보증기금은 신용을 보증받고 은행대출을 한 사업자가 채무를 변제하지 않을 경우 이에 대한 변제책임을 진다.

6 / 한국거래소

KRX; Korea Exchange

비전 • 대한민국 행복지수를 높이는 나눔거래소

    금융시장은 거래 상품의 만기일에 따라 '자금시장'과 '자본시장'으로 구분된다. 만기가 1년 미만인 단기 금융시장을 자금시장 또는 화폐시장(Money Market)이라 하고, 1년 이상의 장기 금융시장을 자본시장(Capital Market)이라 한다. 하지만 두 시장은 단순히 기간 외에도 자금시장은 통화량 조정이나 금융회사의 단기자금 과부족을 해결하는 역할, 자본시장은 기업과 정부가 주식 채권 등을 통해 자금조달을 하는 시장으로 그 목적에도 차이가 있다.

    일반적으로 우리가 말하는 자본시장은, 좁은 의미로 주식이나 채권 등을 거래하는 증권시장을 의미한다. 한국거래소는 대한민국 자본시장 거래 장소의 실체이자 자본시장 거래의 총체적 시스템을 갖고 있는 하드웨어라고도 볼 수 있다.

    한국거래소는 증권 및 장내파생상품의 공정한 가격 형성과 매매, 그 밖의 거래의 안정성과 효율성을 도모하기 위하여 2007년 증권거래소, 선물거래소, 코스닥 위원회와 ㈜코스닥증권시장 등 4개 기관이 통합되어 '한국증권선물거래소'라는 이름의 주식회사 형태로 설립되었다. 이후 2009년 2월 자본시장법 시행으로 현재의 '한국거래소(KRX; Korea Exchange)'라는 명칭으로 변경, 현물과 파생상품을 동시에 취급하는 종합거래소로 새롭게 탄생하였다.

KRX시장에는 주식시장, 채권시장, ETF, ELW 등을 거래하는 증권상품시장, 파생상품시장, 금, 석유, 배출권 등을 거래하는 일반상품시장, 파생상품 Eurex 상품시장 등이 있다. 그 중 우리나라의 주식시장은 1956년에 문을 연 '코스피시장(유가증권 시장)'과 '코스닥시장', '코넥스시장'으로 구분하며, 이와 같은 주식시장을 통해 개인은 기업에 투자를 할 수 있고, 기업은 자금을 조달할 수 있게 된다.

한국거래소를 통한 유가증권 위탁매매(Brokerage) 거래 방식 구조

※ 증권사가 주식, 채권, 선물, 옵션 등에 대해 위탁매매 서비스를 제공하고 위탁수수료를 취득

주식시장은 국가별로 최초의 증권거래소가 설립되면서 시작되었는데, 세계 최초의 주식거래는 1602년도에 설립된 네덜란드 동인도 회사의 주식 거래로, 당시에는 무역회사의 주식이 주로 거래되었다고 한다. 이후 1613년 세계 최초의 증권거래소인 암스테르담거래소가 설립되어 주식이 공식적인 시장에서 거래되기 시작했다.

우리나라 주식시장

구분	코스피시장	코스닥시장	코넥스시장
설립	1956년	1996년 개설	2013년
종합지수	KOSPI	KOSDAQ	없음
운영주체	유가증권시장본부	코스닥시장본부	코스닥시장본부
시장 특성	중대형 우량기업 위주	유망 중소 벤처기업들에 대한 자금조달 지원	창업초기 중소벤처기업 위주
시가총액 (총 2,040조 원)	1,729조 원	307조 원	4조 원
상장기업 수 (총 2,535사)	823사	1,587사	125사
상장기업	삼성전자, 현대자동차, POSCO, LG전자 등 세계적인 기업들이 상장	셀트리온헬스케어, 셀트리온제약, 씨젠, 제넥신, 휴젤, 컴투스, 솔브레인 등	대주이엔티, 랩지노믹스, 메디아나, 바셀 등

*출처 : 한국거래소 홈페이지(2022년 10월 기준)

    기업은 안정적인 운영과 영업활동을 위해 유가증권시장 또는 코스닥시장 등의 공개시장에 상장을 하고 주식 발행을 통해 자금을 조달한다. 이런 과정을 IPO(Initial Public Offering)라 하는데 기업과 금융을 연결시키는 시장 환경을 조성하기 위해서는 기업 회계가 투명하게 운영되어 정보의 비대칭이 줄어야 한다. 때문에 외부감사의 주체인 회계법인은 금융시장에서 중요한 역할을 하게 된다.

    한편 한국거래소는 블라인드 채용으로 신입사원을 선발하는데, 이때 출제되는 논술 시험의 난이도가 상당히 어려운 것으로 알려져 있다.

· ETF(Exchange Traded Fund)

인덱스펀드를 거래소에 상장, 투자자들이 주식처럼 편리하게 거래할 수 있도록 만든 상품이다. 투자자들이 개별 주식을 고르는 데 수고를 하지 않아도 되는 펀드투자의 장점과 언제든지 원하는 가격에 매매할 수 있는 주식투자의 장점을 모두 가지고 있는 상품으로 인덱스펀드와 주식을 합쳐놓은 것이라고 생각하면 된다. 최근에는 시장지수를 추종하는 ETF 외에도 배당주나 거치주 등 다양한 스타일을 추종하는 ETF들이 상장되어 있다.

· ELW(Equity Linked Warrant)

주식워런트 증권으로 장외파생금융상품 거래 업무를 인가받은 증권회사가 발행하는 옵션이다. 특정 주식이나 주가지수를 기초자산으로 하는데, 주식 혹은 주가지수를 기초자산으로 한 옵션이라는 점에서 거래소 선물시장에 상장된 옵션과 유사하다. 하지만 ELW는 발행자가 증권회사라는 점과 다양한 수익구조로 발행이 가능하다는 점에서 구분된다.

· Eurex

유럽파생상품거래소라고도 하며, 세계에서 가장 큰 파생상품 거래소 중 하나이다. Eurex는 1,900여 개의 전통투자 자산군 및 대안투자 자산군 상품을 제공하는데, 1998년 독일 파생상품거래소(DTB)와 스위스 파생상품거래소(SOFFEX)의 합작으로 설립되었다.

• IPO(Initial Public Offering)

일정 규모의 기업이 상장 절차를 밟기 위해 50인 이상의 외부 투자자들에게 주식을 공매하고 재무내용을 공시하는 것을 말하며 기업공개라고도 한다. 즉, 대주주 개인이나 가족들이 가지고 있던 주식을 일반인들에게 널리 팔아 분산시키고 기업경영을 공개하는 것이다. 증권거래법과 기타 법규에 의거하여 주식회사가 발행한 주식을 일반투자자에게 균일한 조건으로 공모하거나, 이미 발행되어 대주주가 소유하고 있는 주식의 일부를 매출하여 주식을 분산시키고 재무내용을 공시함으로써 주식회사의 체제를 갖춘다.

기업공개는 기업이 자금조달을 원활히 하고, 재무구조를 개선하며, 국민의 기업참여가 활발하게 이루어지도록 하고, 국민경제 발전 기여의 목적으로 이뤄진다. 이를 통해 기업은 주식가치의 공정한 결정, 세제상의 혜택, 자금조달능력의 증가, 주주의 분산투자 촉진 및 소유분산 등 혜택을 얻을 수 있다.

7 / 한국예탁결제원

KSD; Korea Securities Depositary

비전 · 시장과 함께 성장하는 혁신 금융플랫폼

금융시장은 증권이 발행된 후 유통되는 절차에 따라 크게 '발행시장'과 '유통시장'으로 분류된다. 1차 시장인 발행시장에서는 기업과 기관에서 발행한 주식 및 신규 채권을 투자자에게 처음 판매하게 됨으로써 필요한 자금을 조달할 수 있고, 2차 시장인 유통시장에서는 발행된 증권이 투자자들 사이에서 거래된다.

유통시장은 자금 조달 기능을 하지는 않지만 이미 1차 시장에서 발행된 증권이 매매 및 거래가 가능함에 따라 유동성을 부여, 금융시장을 활성화시킨다. 유통시장에서는 개인; 기업 기관 등이 증권을 거래할 수 있는데, 이때 증권시장에서 사고파는 행위를 각각 매수, 매도라 한다.

국가의 중앙은행에서 화폐를 발행하고, 화폐의 유통 및 통화 인프라를 지원하듯이, 증권의 발행과 유통을 지원하는 시스템을 갖춘 기관을 중앙예탁기관이라고 하는데 우리나라에는 한국예탁결제원(이하 KSD)이 있다.

KSD는 대한민국 유일의 유가증권 중앙예탁기관으로, 종합 증권서비스를 제공함으로써 우리나라 자본시장의 발전을 지원한다. 예탁이란 주식, 채권과 같은 증권의 실물을 예탁결제원에 맡기고 주식회사들은 장부만으로 주식을 관리하게 하는 것이다. 만약 이러한 예탁제도가 없다면 주식을 거래할 때마다 주식 실물을 직접 가지고 다녀야 되고, 거래 성사 시 기업들은 매번 주주명부 명의개서를 해야 할 것이다. 현실의 금융 거래에서 현금은 은행에 두고 신용카드나 인터넷 뱅킹을 이용하는 시스템과 유사하다. KSD는 자본시장과 금융투자법에 관한 법률에 의거하여 증권 등의 집중예탁과 계좌 간 대체, 매매거래에 따른 결제 및 유통의 원활화를 위해 1974년에 설립되었고 증권 등의 발행과 유통, 자산운용을 지원하고 있다.

한국예탁결제원 주요 서비스

발행시장지원	발행등록, 사채관리, 크라우드펀딩, 증권대행
유통시장지원	유통등록, 증권 등 예탁, 의무보유/보호예수, 청산결제, 권리관리, 증권정보관리, 전자투표/전자위임장, LEI(Legal Entity Identifier), 위변조 등 사고증권관리
자산운용시장지원	집합투자, 자산관리지원 플랫폼, 펀드사무 관리
글로벌서비스	글로벌예탁결제, 글로벌금융, 해외사업
증권파이낸싱	증권대차, 담보관리, Repo, 파생상품서비스

전자증권도입

전자증권제도란 실물증권을 발행하지 않고 전자적 등록부에 등록함으로써 증권의 발행과 유통, 권리행사가 가능한 제도이다. 전자증권제도는 전자등록부에 권리를 등록하고 이를 통해 발행과 유통을 할 수 있는데 실물증권의 발행 및 관리 유통에 따르는 제반 비용 절감과 거래에 대한 투명성을 높일 수 있는 경제적 효과가 있다. 「주식·사채 등의 전자등록에 관한 법률」이 제정된 이후 준비기간을 걸쳐 2019년 9월 16일부터 전자증권제도가 시행되었으며, 이 제도의 시행으로 실물증권 도난의 우려가 사라지고 다양한 증권사무의 비대면 처리가 가능해지며 실물증권 관련 업무 부담과 비용이 경감될 것으로 기대를 모으고 있다.

KSD에서는 코로나19 사태와 전자증권제도의 시행에 발맞추어 전자투표 시스템으로 비대면 주주총회를 할 수 있는 K-Vote를 운용하고 있다. 또한 전자증권제도가 전환기에 있는 만큼 기존 실물로 발행된 주식이 전자증권으로 전환되어 증권회사에 예탁하지 않은 실물주권의 효력이 상실되는 사고를 미연에 방지하기 위해, 전자등록(예정) 종목 조회 서비스도 제공하고 있다.

자본시장법상 증권의 분류

증권의 종류	개념
채무증권	국채증권, 지방채증권, 특수채증권(법률에 의하여 직접 설립된 법인이 발행한 채권을 말함), 사채권, 기업어음증권, 그 밖에 이와 유사한 것으로 지급청구권이 표시된 것
지분증권	주권, 신주인수권이 표시된 것, 법률에 의하여 직접 설립된 법인이 발행한 출자증권, 「상법」에 따른 합자회사 · 유한회사 · 익명조합의 출자지분, 「민법」에 따른 조합의 출자지분, 그 밖에 이와 유사한 것으로서 출자지분이 표시된 것
수익증권	금전신탁의 수익증권, 집합투자 투자신탁의 수익증권, 그 밖에 이와 유사한 것으로서 신탁의 수익권이 표시된 것
투자계약증권	특정 투자자가 그 투자자와 타 인간의 공동사업에 금전 등을 투자하고 주로 타인이 수행한 공도 사업의 결과에 따른 손익을 귀속 받는 계약상의 권리가 표시된 것
파생결합증권	기초자산의 가격 · 이자율 · 지표 · 단위 또는 이를 기초로 하는 지수 등의 변동과 연계하여 미리 정하여진 방법에 따라 지급금액 또는 회수금액이 결정되는 권리가 표시된 것
증권예탁증권	상기 5종의 증권을 예탁 받은 자가 그 증권이 발행된 국가 외의 국가에서 발행한 것으로, 그 예탁을 받은 증권에 관련된 권리가 표시된 것

KSD는 NCS 기반 블라인드 채용으로 신입을 선발하고 있으며 필기시험은 다른 금융공기업과 마찬가지로 전공과 논술을 치른다. 논술은 시사와 자본시장 2문제 중 하나를 선택하여 작성한다. 2022년 하반기 채용은 일반, 전산, 고졸로 전형을 나누었고 일반은 전공에서 경영, 경제, 법, 회계 중 한 과목을 선택해서 응시하는 방식이었다. 1차 서류심사, 2차 필기시험, 3차는 실무면접과 인성검사, 4차는 임원면접이다.

· 중앙예탁기관(CSD; Central Securities Depository)

증권예탁 업무를 집중적으로 수행하는 기관으로서, 예탁자 또는 예탁자의 고객으로부터 직·간접적으로 증권을 집중 예탁 받아 같은 예탁증권에 대한 권리를 관리하는 증권예탁제도의 운영기관을 말한다. 중앙예탁기관은 증권 발행 및 유통시장에서 예탁자와 예탁자의 고객을 대상으로 증권의 예탁, 계좌대체, 예탁증권의 권리행사 등의 업무를 수행한다. 중앙예탁기관은 통상 증권결제시스템 운영기관으로서의 역할을 수행하고 있다.

· 명의개서(Stock Transfer)

주식거래는 매매 등의 방법을 통해 발행회사와는 아무런 관계없이 당사자 간에 이루어진다. 그러나 주주로서의 권리를 행사하기 위해서는 주식을 가진 사람이 회사의 주주명부에 이름과 주소를 기재해야 한다. 주주명부에 주주의 성명과 주소를 기재하는 것을 명의개서라 하며 주권을 새로 취득한 사람이라면 언제든지 기재할 수 있다.

· 크라우드펀딩(Crowd Funding)

군중(Crowd)으로부터 자금조달(Funding)을 받는 것. 자금이 필요한 개인, 단체, 기업이 웹이나 모바일 네트워크 등을 이용해 불특정다수로부터 자금을 모으는 것을 말한다. 소셜 네트워크 서비스(SNS)를 통해 참여하는 경우가 많아 소셜 펀딩이라고도 한다.

8 / 한국벤처투자

Korea Venture Investment Corp.

비전 · 벤처투자생태계 혁신을 주도하는 벤처금융 전문기관

펀드(Fund)는 '일반 투자자의 자금을 모아 투자전문가가 대신 투자 및 운용해주는 간접투자 금융상품'을 의미한다. 펀드는 주식, 채권, 부동산 등에 투자하여 수익을 창출하게 되는데, 소액의 자금을 모아 거액을 조성하여 투자하기 때문에 여러 종류의 증권에 분산투자가 가능하고 금융전문가들이 전문성을 가지고 운용하므로 수익 면에서 유리하다는 장점이 있다.

펀드를 이용할 경우 펀드수수료가 발생하는데, 전문가들이 자산을 대신해서 운용해 주기 때문에 그 대가로 지불하는 '운용수수료', 은행, 증권사, 보험사의 판매 대행에 따른 대가로 금융기관에 지불하는 '판매수수료', 펀드의 운용 약정기간을 채우지 못하고 중도에 처분하게 될 때 발생하는 '환매수수료' 등이 있다.

한국벤처투자는 중소벤처기업부 산하의 기타 공공기관으로, 한국벤처투자의 사업과 비전을 올바로 알기 위해서는 펀드와 창업에 대한 이해가 선행되어야 한다. 앞서 '보증제도'에 대해 설명할 때 변화하는 기업환경을 금융이 뒷받침해 주어야 함을 강조했는데, 스타트업이나 벤처를 지원하는 모험자본 육성과 지원 시스템 구축은 미래 성장동력 확보를 위한 국가적인 과제라고 할 수 있다.

빠르고 신속한 중소기업 투자지원을 위해 정부는 2005년부터 벤처기업육성에 관한 특별조치법에 근거하여 한국모태펀드를 결성하였으며, 2020년 9월 기준 조성 규모는 약 5조 8,482억 원에 이른다. 벤처투자 생태계 조성을 위해 정부의 주도로 조성한 막대한 재원을 펀드로 운용하는 데 있어 투자의 사결정을 하는 전문기관이 바로 한국벤처투자이다.

한국벤처투자는 중소벤처기업부 산하 기타 공공기관으로 출자와 투자사업을 담당하고 있다. 주요 출자로는 한국모태펀드, 일자리창출펀드, 산업기술사업화모펀드, 엔젤투자모펀드 등이 있고, 투자사업으로는 엔젤투자매칭펀드와 일자리매칭펀드가 있다.

한국벤처투자는 벤처투자, 엔젤투자 등의 투자에 관심 있는 지원자들에게는 매력적인 공공기관이지만, 일반 행정 업무를 제외하고 투자 본연의 업무를 위한 신입 채용 지원은 쉽지 않은 곳이다. 신입 채용 시 한국벤처투자 청년인턴 경험자 또는 창업경력자에 대한 우대사항이 있기 때문이다. 한국벤처투자가 벤처캐피탈, 신기술사업금융회사, 사모펀드, 엑셀러레이터 등의 경력자들을 우대하는 만큼 유사 경력 및 관련 역량을 쌓은 뒤 도전해 보는 것도 경력관리 방법 중 하나이다.

펀드의 종류와 구분은 이 파트에서 상세히 언급하기에는 방대한 분량인 관계로 펀드와 모태펀드에 대해서만 간략하게 소개했다. 나머지는 뒤의 금융투자업 자산운용 부문에서 다루었으니, 우선 아래의 그림을 통해 모태펀드의 구조를 이해하고 창업, 벤처투자에 대해 좀 더 관심을 갖고 알아보기를 바란다.

모태펀드의 구조

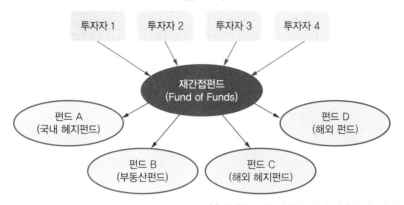

*출처: 『한국자본시장론』 제4판 김석진 외 4인 저

· 모태펀드(FOF; Fund of Funds)

펀드는 증권이나 실물자산에 직접 투자할 수 있지만 다른 펀드에 다시 투자할 수도 있는데, 이렇게 다른 펀드에 투자하는 펀드를 모태펀드(Fund of Funds), 혹은 재간접펀드라 한다.

· 출자(Contribution)

사업을 영위하기 위한 자본으로 금전 기타의 재산 · 신용 · 노무를 조합 회사 기타 법인에게 출연하는 일이다.

· 엔젤투자(Angel Investment)

개인들이 돈을 모아 창업하는 벤처기업에 필요한 자금을 지원하고 그 대가를 주식으로 받는 투자 형태를 일컫는다.

· 벤처캐피탈(Venture Capital)

위험성은 크나 높은 기대수익이 예상되는 사업에 투자하는 자금을 말한다. 장래성은 있으나 자본과 경영기반이 취약하여 일반 금융기관에서 융자받기 어려운 기업에 대하여 창업 초기단계에 자본참여를 통해 위험을 기업가와 공동 부담하고 자금, 경영관리, 기술지도 등 종합적인 지원을 제공함으로써 높은 이득을 추구하는 자본 또는 금융활동을 의미한다. 일반적으로 해당 기업이 성장하여 주식을 공개(IPO)함으로써 자본이득(Capital Gain)을 얻어 수익을 올린다. 모험자본과 비슷한 의미로 사용되지만 보통 모험자본이라 하면 벤처캐피탈을 포함하여 더 넓은 의미로 본다.

· 엑셀러레이터(Accelerator)

가속장치(Accelerator)에서 유래된 것으로, 창업 초기 기업이 빨리 성장 궤도에 오를 수 있도록 자금 및 멘토링을 지원하는 프로그램이다. 미국 실리콘밸리 와이컴비네이터(Y Combinator), 국내 프라이머 엔턴십 등이 대표적이다.

9 한국투자공사

KIC; Korea Investment Corporation

비전 · 신뢰(TRUST)를 바탕으로 국부를 증대시켜 나가는 세계 일류 투자기관

민간부문에서 수익을 목적으로 펀드를 조성하고 운용하듯이, 국가 또한 미래를 위해 재정흑자 등의 잉여자금을 재원으로 다양한 종류의 자산에 투자한다. 그중 정부가 국가기금펀드를 조성하여 장기적 수익을 위해 투자하는 것을 '국부펀드(SWF; Sovereign Wealth Fund)'라고 하는데 한국투자공사(이하 KIC)는 유일한 대한민국의 국부펀드이다.

국부펀드는 산유국인 쿠웨이트가 1953년 석유판매수입을 재원으로 쿠웨이트 투자위원회를 설립하여, 런던에 투자사무소를 개설한 것이 그 시초이다. 단일 국가의 국부펀드로는 노르웨이의 국영연금기금(Government Pension Fund-Global)이 가장 큰 규모지만 사우디아라비아, 아랍 에미리트, 이란, 카타르 등 중동국가들의 오일 머니에 바탕을 둔 국부펀드가 전 세계 국부펀드 중에 대다수를 차지하고 있다.

아시아에서는 싱가포르가 일찍이 1974년부터 국부펀드를 운용하였고 최

근에는 중국 국부펀드 규모가 급격히 커지고 있다. 서울의 요충지에 위치하며 강북과 강남을 대표하는 랜드마크인 서울파이낸스센터(SFC)와 강남파이낸스센터(GFC)는 모두 싱가포르 국부펀드인 싱가포르투자청(GIC; Government of Singapore Investment Corporation)에서 매입한 오피스 건물로, 두 건물 모두 높은 임대료 수익을 거두고 있다.

KIC는 국부증대와 금융산업 발전 기여를 목적으로 2005년 7월에 설립되었으며 정부와 한국은행으로부터 자산을 위탁받아 해외에 투자하고 있다. 국부펀드들은 과거에 안전자산을 선호하여 선진국 통화나 국채 등을 주로 투자 대상으로 삼았었다. 그러나 최근에는 리스크 관리와 수익률 제고 측면에서 신흥시장의 **회사채**나 주식, 원자재 같은 대체자산에 대한 투자 비중을 확대하는 추세이다.

KIC의 운용규모는 2019년 말 기준 순자산가치로 1,573억 달러(약 176조 7,000억 원)로, 2019년도 자산배분 현황을 보면 주식 투자 비중이 40.8%로 가장 높고 다음은 채권 35.5%로 주식, 채권 등의 전통자산 투자 비율이 80%를 넘는다. 그 외 **사모주식**, 부동산 · 인프라스트럭처, 헤지펀드 등의 대체자산 비율이 15.6%를 차지하는 등 투자 비중이 꾸준히 높아지고 있다. 대한민국의 국부펀드인 KIC의 조직과 구체적인 직무는 **집합투자업**인 자산운용사의 조직 및 업무와 유사하니 참고하자.

최근 외부 환경의 어려움 속에서도 KIC에서는 신입, 경력, 체험형 인턴을 모두 채용하는데 2022년의 경우 투자운용, 리스크관리, 경영관리 부문에서 신입 11명, 경력 44명을 채용했으며, 19명의 체험형 인턴을 선발하여 기업의 사회적 책임을 다하는 인상을 남겼다. 비재무적인 관점의 투자 환경의 변화에 빠른 적응을 위해서 KIC는 직무별 핵심역량에 있어 지원자들에게 상당한 수준의 K·S·A를 평가요소에 반영하여 진정성과 빠른 시장에서 감각을 확장시킬 수 있는 글로벌 감각 역시 중요한 평가항목으로 적용하고 있다.

세계 주요 국부펀드

국가	펀드 명칭	자산 규모 (억 달러)	설립 연도	주요 재원
노르웨이	Gov't Pension Fund-Global	12,735	1990	원유
사우디아라비아	Saudi Arabian Monetary Agency Holdings	5,824	1952	원유
	Public Investment Fund of Saudi Arabia(PIF)	3,994	2008	원유
아랍 에미리트	Abu Dhabi Investment Authority(ADIA)	5,796	1976	원유
	Investment Corp. of Dubei	3,015	2006	원유
중국	China Investment Corp.(CIC)	10,457	2007	비상품
	National Council Social Security Fund	3,720	2000	비상품
쿠웨이트	Kuweit Investment Authority	5,336	1953	원유
홍콩	Hong Kong Monetary Authority	5,760	1993	비상품
싱가포르	Gov't of Singapore Investment Corp. (GIC)	4,532	1981	비상품
	Temasek Holdings	4,173	1974	비상품
러시아	National Welfare Fund		2008	원유
	Reserve Fund		2008	원유
한국	Korea Investment Corp.(KIC)		2005	비상품
이란	National Development Fund of Iran		2011	원유, 가스
미국(알래스카)	Alaska Permanent Fund Corp		1976	원유

· 회사채(Corporate Bond)

기업이 자금조달을 위해 직접 발행하는 채권. 사채로도 불린다. 회사채는 주식과는 달리 회사의 수익에 관계없이 일정률의 이자가 지급되는 것이 특징이다.

금융기관에서 지급을 보증하는 보증사채와 무보증사채, 담보부사채가 있는데, 상장기업 또는 증권감독원에 등록된 법인이 기업자금조달을 위해서 직접 발행한다. 이자는 3개월마다 후불하며 만기가 되면 액면금액을 지급받는다. 회사채는 회사가 직접금융시장에서 자금을 조달하기 위하여 공모 또는 사모로 채권을 발행하는 것으로서, 공모채는 금융감독원에 유가증권 발행신고서를 접수하여 일반 대중에게 매출하는 절차로 발행된다.

· 대체자산

대체투자(Alternative Investment)의 대상이 되는 자산으로 대체투자란 채권이나 주식과 같이 전통적인 투자 상품 대신 부동산, 인프라스트럭처, 사모펀드 등에 투자하는 형태이다. 국내 증시가 장기적인 침체를 벗어나지 못하고 2015년 3월 들어 기준 금리가 1%대로 하락하면서 채권 투자로 인한 수익 발생이 어려워지자, 투자자들이 안정성이 다소 떨어져도 수익성이 높은 곳으로 눈을 돌리면서 대체투자가 활발해졌다. 사회간접펀드, 벤처기업, 원자재, 사모펀드, 선박, 테마파크, 항공기, 기숙사 등으로 대체자산을 찾아 투자의 범위를 넓혀가는 추세다.

· 사모주식

사모주식투자펀드(Private Equity Fund). 흔히 사모주식(PE; Private Equity)이라고 부르며, 소수의 투자자들로부터 자금을 모아 주식이나, 채권 등에 운용하는 펀드를 말한다. 「투자신탁업법」상에는 100인 이하의 투자자를, 증권투자회사법(뮤추얼펀드)에는 50인 이하의 투자자를 대상으로 모집하는 펀드를 지칭한다.

펀드 규모의 10% 이상을 하나의 주식에 투자할 수 없고, 주식 이외의 채권 등 유가증권에도 한 종목에 10% 이상 투자할 수 없는 공모펀드와 달리, 사모펀드는 제한이 없어 이익이 발생할 만한 어떠한 대상에도 자유롭게 자금을 운용할 수 있다는 장점을 가지고 있다. 반면 이 때문에 재벌들의 계열지원이나 내부자금의 이동 수단, 또는 검은 자금의 이동에 활용될 소지가 있다.

· 집합투자업

집합투자업은 자산운용사의 펀드설정 업무가 대표적으로, 펀드 설정 후 다수의 투자자에게 자금을 모은 뒤 이 자금을 운용하여 수익을 나눠 갖는다. 단, 「자본시장통합법」에 의해 투자매매업과 투자중개업을 하는 증권사는 집합투자업을 하는 자산운용회사를 겸하는 것이 명시적으로 제한되어 있다.

10 / 서민금융진흥원

Korea Inclusive Finance Agency

비전 · 포용금융을 현장에서 뒷받침하는 서민금융 종합상담기구

금융거래의 어려운 점은 생활이나 사업이 어려워져 금융기관을 이용하고
자 하면 신용이 나빠지는 만큼 높은 이자를 지불해야 하는, 차주(借主, 돈이
나 물건을 빌려 쓴 사람)의 입장에서 불리한 거래를 하게 된다는 것이다.

반면에 자금지원을 받지 않아도 될 만큼 여유가 있고 신용관리를 잘 해왔
다면 얼마든지 유리한 조건으로 거래할 수 있다. 결국 기업이나 개인의 신용
이 좋고 담보가 확실하다면 저금리 등 유리한 조건으로 대출을 받을 수 있으
나, 신용이 나쁘고 담보마저 없다면 고금리의 불리한 조건으로 대출을 받거
나 제도권의 금융기관과는 거래조차 할 수 없는 상황이 발생한다.

방글라데시 치타공 대학교의 무함마드 유누스 교수는 시민들이 열심히 일
해도 고리대금업자에게 빌린 돈의 높은 이자로 빈곤에서 빠져나올 수 없는
것을 보고, 그라민은행을 설립하여 가난하고 어려운 이들에게 소액대출을 시
작했다.

우려와 달리 높은 상환율을 보인 이 낮은 이자의 소액대출은 방글라데시 빈곤 퇴치의 발판이 되었으며, 공로를 인정받은 유누스 교수는 2006년 노벨 평화상을 수상하게 된다. 유누스 교수의 이 빈곤 퇴치 프로젝트는 무담보 소액대출 제도인 마이크로크레디트의 시발점이 되었다.

우리나라에서는 2018년부터 법정최고금리로 연 24%를 적용하고 있는데 2021년 하반기부터는 연 20%로 인하할 예정임을 밝힌 바 있다. 불법사금융이 무서운 이유는, 제도권에서 거래를 할 수 없어 법정 최고금리를 넘는 높은 금리로 대출을 받게 된 대다수의 금융 소외자가 악순환의 고리를 끊지 못하고 더 어려운 나락으로 빠지기 때문이다.

앞서 언급한 적이 있는 포용적 금융의 목표는 바로 금융소외자 및 저신용자들에게 서민정책금융상품을 적시에 지원하여 악순환의 고리를 끊게 하는 것이다. 이와 같은 서민금융지원은 경제생활의 몰락을 사전에 방지하고 재활과 재기를 돕는 안전판으로서 경제 안정화에 기여할 수 있다.

서민금융진흥원은 2016년에 설립되었다. 서민금융의 플랫폼으로서의 역할뿐만 아니라 서민금융통합지원센터와 서민금융생활지원을 통해 금융의 종합적인 정보제공, 상담서비스, 취업지원서비스, 자영업 컨설팅 등을 병행하고 있다. 주요 사업은 미소금융, 햇살론과 같은 상품으로 대출을 지원하는 서민금융지원, 창업·운영자금 지원, 생계주거자금 지원, 고금리 대안자금 지원, 사회적 금융 및 채무조정제도가 있다.

사회적 금융 해외사례

정부재정 · 공공재원(휴면예금) 중심의 지원체계(영국, 미국, 일본 등)	
영국의 Big Society Capital (BSC)	• 지속 가능한 사회투자시장을 형성 · 발전시키기 위해 '12년 사회투자 도매은행(Social Investment Wholesaler)인 BSC를 설립 • 휴면예금 4억 파운드와 4대 대형은행의 2억 파운드 출자로 재원을 조 성하고 운영의 자율성 보장 • 민간자금과 매칭투자를 전제로 사회적금융중개기관을 통해 간접 지원 → 생태계 구축 및 시장 조성
미국의 지역개발금융기관 기금 (CDFI Fund)	• 재정으로 기금을 조성, 기금에서 인증 받은 지역개발금융기관(CDFI)을 통해 저소득지역 개발을 간접 지원('95~) • CDFI는 민간자금 매칭방안 등을 마련하여 CDFI 프로그램에 응모 → 엄격한 경쟁을 통해 지원 대상 CDFI 선정
일본의 휴면예금을 활용한 공익사업 지원체계	휴면예금을 활용하여 비영리재단을 통해 사회공익활동을 지원하는 체계 를 구축 중('16년 법제정 → '19년 지원 착수)

협동조합금융 방식(유럽 등)		
협동조합 금융 방식	캐나다	데잘댕그룹은 연대경제금고('71)를 설립하여 협동조합, 사회적기업 등에 사회적금융을 제공 (데잘댕그룹 : 1900년 신용협동조합인 인민금고에서 출발 · 성장한 신협 금융그룹)
	스페인	몬드라곤 협동조합그룹의 라보랄쿠차(협동조합이 조합원인 신협, '59)는 그룹 내 조합 간 자금 재분배 및 사업 총괄 조정 기능 담당
사회적 은행 방식	네덜란드	트리오도스은행은 은행업 인가를 받아('80), 저리로 조달한 예금으로 사 회적기업, 환경기업 등에 신용을 제공
	이탈리아	방카에티카('99)는 엄격한 윤리성을 갖춘 비영리조직과 사회적경제를 대 상으로 신용을 제공
기타		• 소액 다수의 투자자(기부자)와 사회적기업 등을 중개하는 크라우드 펀 딩 방식의 지원체계(미 KIVA, 영 SSE 등) • 사회적기업 등에 경영지원 및 자금을 제공함으로써 사업의 성장과 사 회문제 해결을 촉진하는 벤처자산가도 활동 중(영 Impetus-PEF, 일본 벤처자선기금 등)

*출처: 서민금융진흥원 홈페이지

• 마이크로크레디트(Micro Credit)

기존 제도권 금융기관과 거래가 어려운 사회적 취약계층을 대상으로 보증이나 담보 없이 창업자금 등을 대출해 주고 경영지원 등 사후관리를 통해 자활할 수 있도록 돕는 제도. 금융기관의 이익을 사회에 환원하는 성격이 강해 대출자에게 유리한 금리와 대출조건이 설정된다. 국가별 차이는 있지만 대개 일반적으로 농촌지역과 도시지역의 영세한 사업을 대상으로 한다.

이 제도는 1976년 방글라데시에서 무함마드 유누스 교수가 고안한 것으로, 마이크로크레디트 전담 은행인 그라민은행 설립과 함께 시작되었다. 창업 자금지원은 물론 경영자문 및 운영 등의 다양한 접근을 통해 빈곤층이 자립할 수 있도록 한다는 점에서 일반 시중은행과 다르지만 대출금의 원금과 이자를 받는다는 점에서 기부나 자선사업과도 다른 것이 특징이다.

• 불법사금융

제도권의 제1금융권 또는 제2금융권 이외 정식 허가를 받지 않은 금전 대여업을 일컫는 말로 미등록 대부업을 의미한다. 보통 제도권 금융기관에서 대출을 받지 못할, 담보 능력이 없는 개인이나 기업들을 대상으로 한다. 문제는 높은 금리와 부당 추심행위(폭력 등 불법적인 방법)를 할 가능성이 높아 서민 경제에 위협이 되기도 한다.

• 사회적 금융(Social Finance)

사회적 금융이란 금융이 돈을 벌기 위해서만 쓰이는 데 대한 반성에서 시작되었다. 벌기 위해 돈을 이용하는 것이 아니라, 꼭 필요한 곳에 돈을 돌리는 것이 사회적 금융의 역할이다.

• 임팩트 금융(Impact Finance)

사회적 금융과 유사한 의미로, 사회적 가치와 재무 수익률을 동시에 추구하는 투자행위를 뜻하는 '임팩트 투자'와 소액금융지원을 뜻하는 '마이크로파이낸스'를 결합한 용어이다. 임팩트 금융에서 가장 성공적인 모델이 그라민은행과 같은 마이크로크레디트이다.

11 / HF한국주택금융공사

Korea Housing Finance Corporation

비전·국민의 행복과 함께 성장하는 최고의 주택금융기관

안정적인 생활을 영위할 수 있는 주택 마련은 국민 모두의 소중한 꿈이다. 정치에서도 삶의 질 향상을 위해 심심치 않게 언급되는 부분이 바로 주거환경 개선이며, 부동산 가격의 급등락은 민심에 직접적인 영향을 미친다

한국주택금융공사(이하 HF)는 내 집 마련의 꿈과 주거복지 향상을 위해 주택금융 등의 장기적 안정적 공급을 촉진하는 서민의 주택금융 파트너로서 2004년에 설립된 공기업이다. 설립 당시 본점은 서울 세종대로 YTN 타워에 있었으나 2014년에 이전하여 현재는 부산 문현금융로의 부산국제금융센터에 자리잡고 있다. HF의 주요 사업 분야는 보금자리론과 적격대출 공급, 주택보증 지원, 주택연금 공급, 유동화증권(MBS, MBB) 발행이다.

HF한국주택금융공사 주요 사업

보금자리론과 적격대출 공급	무주택자가 금리변동 위험 없이 안정적인 대출금 상환이 가능하도록 10년 이상 장기고정금리 원리금 분할상환 방식의 모기지론인 보금자리론과 적격대출 공급
주택보증 지원	국민들의 주거안정을 위해 금융기관으로부터의 전세자금대출 및 아파트 중도금 대출에 대한 보증서 발급 및 주택건설사업자를 대상으로 하는 아파트 건설자금 대출에 대한 주택보증 지원
주택연금 공급	만 55세 이상의 노인층을 대상으로 보유하고 있는 주택을 담보로 금융기관으로부터의 종신연금 수령을 보장하는 주택연금 업무를 수행함으로써 노후복지 향상에 기여
유동화증권 (MBS, MBB) 발행	• 금융기관으로부터 주택저당채권을 양도받아 이를 기초로 유동화증권 (MBS, MBB) 발행 • 투자자들에게 유동화증권을 판매함으로써 채권시장으로부터 장기 저리의 자금을 안정적으로 조달하여 대출재원을 획기적으로 확충

*출처 : 한국주택금융공사 홈페이지

HF 보금자리론과 적격대출, 주택연금은 금융기관과 연계하여 국민 개인에게 보급하는 상품으로 시중은행에서 상담 받고 이용할 수 있으며, 주택보증은 금융기관 및 아파트와 주택을 건설하는 건설사 및 시행사와 함께 업무를 수행한다.

유동화증권 발행은 위의 주요 사업의 원활한 진행을 위해 재원을 확충하기 위한 사업으로, 유동화증권에 대해 이해하기 위해서는 자산유동화(Asset Securitization)와 자산유동화증권(Asset-Backed Securities)에 대한 기본적인 이해가 필요하다. 유동화(Liquefaction of Flow, 流動化)란 원래 건축 및 토목 분야에서 굳어 있는 것을 부드럽게 액체처럼 만든다는 의미로 사용하는 용어인데, 금융에서는 자금의 흐름을 원활하게 만드는 행위를 의미한다.

기업이 회계장부상으로는 흑자를 내고 있음에도, 결제를 해야 하는 시점에 결제 자금이 없어 채무 불이행으로 부도가 나는 것을 '흑자도산'이라 한다.

이는 어음이나 부동산 등의 자산이 있음에도 현금화에 실패했기 때문으로 자본의 유동성과 연관이 크다.

기업이 유동성 관리를 위해, 일정 수준의 채무를 발생시켜 현금 확보에 신경 쓰는 것 또한 수익을 내는 것 못지않게 중요한 요소이다. 이처럼 자산유동화란 기업이나 금융기관에서 부동산, 매출채권, 유가증권 등과 같이 환금성은 떨어지나 재산적 가치가 높은 자산을 바탕으로 증권을 발행하여 유동화시키는 일체의 행위를 말하며, 이를 위해 발행하는 증권이 자산유동화증권이다.

자산유동화는 '증권화'와 유사한 의미로 사용되고 있는데 특히 주택을 유동화자산으로 하고 발행하는 증권과 채권을 각각 MBS(Mortgage-Backed Securities, 주택저당증권), MBB(Mortgage-Backed Bond, 주택저당채권담보부 채권)라고 한다. HF는 MBS를 발행하는 MBS 유동화 전문 SP-C(Special Purpose Company, 특수목적회사)로서 최근 1년 동안 유동화사업을 통해 총 47.9조 원의 정책모기지를 공급하였다.

HF는 2020년 본점과 전국 영업점에서 근무할 행정 및 전산 부문에 일반 정규직, 무기계약직을 합하여 60여 명의 신입사원 채용을 진행했고, 고졸자 채용과 체험형 인턴 채용도 별도로 진행하고 있다. HF에서 근무하기 위해서는 부동산과 건설·건축 및 금융에 대한 기초 이해가 도움이 되는데, 이전 필기시험에서 당 기관에서 취급하는 금융상품에 관련된 문제가 종종 출제되기도 했다.

· **모기지(Mortgage)**

금융거래에 있어서 차주가 대주에게 부동산을 담보로 제공하는 경우 담보물에 설정되는 저당권 또는 이 저당권을 표방하는 저당증서 혹은 이러한 저당금융제도를 모기지라 한다. 실제로 모기지는 신용공여 시 무보증의 신용대출에 대립되는 개념으로서 부동산담보대출이라는 의미로 받아들여지고 있다.

· **SPC(Special Purpose Company, 특수목적회사)**

금융기관에서 발생한 부실채권을 매각하기 위해 일시적으로 설립된 특수목적회사로 유동화중개회사라고도 한다. 채권 매각과 원리금 상환이 끝나면 자동으로 없어지는 일종의 페이퍼 컴퍼니로, SPV(Special Purpose Vehicle)와 같은 의미로 사용한다.

12 / 한국부동산원(구 한국감정원)

Korea Real Estate Board

비전 • 국민에게 신뢰받는 부동산 전문기관

한국부동산원(구 한국감정원)은 1969년에 설립된 국토교통부 산하 공기업으로 부동산의 가치평가, 가격 공시 및 통계 정보를 관리하는 기관이다. 한국부동산원은 금융위원회에 소속된 금융공기업도 아니고 투자를 담당하는 기관도 아니지만 부동산이 자산유동화의 기초가 되는 대표적인 자산이기 때문에 한국부동산원의 기능 및 부동산과 금융의 관계를 살펴볼 필요가 있다. 더욱이 미국으로부터 발발된 2008년 글로벌 금융위기도 부적절한 부동산 투자와 자산유동화가 주 원인이었고, 자산유동화는 유럽의 재정위기에도 큰 영향을 미쳤다. 이처럼 금융에서는 부동산과 자산유동화에 대한 이해가 중요하므로 한국부동산원을 통해 부동산 시장관리와 금융, 감정평가에 대해 알아보도록 하자.

주택 구입 시 대출이 필요할 때 은행에서는 차주(대출을 받은 자)가 구입하려 하는 대상 주택의 공시지가를 기초로 LTV(Loan To Value Ratio, **주택담보대출비율**)를 산정하게 된다. 공시지가(公示地價)란 합리적이고 일관성 있는 지가정보체계를 세우기 위해 「부동산가격 공시 및 감정평가에 관한 법률」에 따라 산정하여 공시되는 땅값을 말하는데, 공시지가를 산출하는 업무를 한국부동산원이 수행한다.

한국부동산원은 국토교통부장관이 표준주택가격 조사 산정 수행기관으로 지정한 기관이다. 담보대출에서는 담보비율인 LTV와 채무 상환의 경제적 능력을 나타내는 지수인 DTI(Debt To Income)와 DSR(Debt Service Ratio)이 결정적 지표다. 얼마 전까지는 소득 대비 상환능력에서 DTI지수를 참고했지만, 최근 부동산시장 과열로 인한 부작용과 폐해를 방지하기 위해 DSR지수로 대체하여 확대 적용을 본격화하고 있다.

DSR은 DTI보다 강력한 대출규제로, 현재 차주가 부담하고 있는 주택담보, 비주택담보, 신용대출, 예적금담보대출, 유가증권담보대출 등 모든 대출을 포함하여 차주의 상환능력을 더 꼼꼼하게 따져 보는 것이다. DSR 적용 시 기존의 채무에 추가하여 신규 대출을 받는 조건이 전보다 까다로워진다. 부동산투기과열은 버블 붕괴 시 금융기관 부실에 바로 직접적인 영향을 미치고, 금융위기를 초래하는 만큼 개인과 기업, 정부가 각각 책임감을 가지고 미연에 방지해야 한다. 또한, 개인의 입장에서도 부동산 매입을 위해 과도한 채무를 끌어오는 것은 매우 위험한 결과를 초래할 수 있음을 숙지해야 한다.

한국부동산원에는 자산평가를 위해 지속적으로 **감정평가사**를 채용한다. '감정평가'란 자산을 평가하는 행위로 토지, 건물 등의 부동산건설기계, 선박과 같은 동산(動産)들, 그리고 특허권, 상표권 등의 유·무형의 자산을 모두 포함한다. 이러한 업무 수행에는 전문적인 지식이 필요하기 때문에 산업인력공단에서 시행하는 감정평가사 국가공인자격시험에 합격하여 자격을 취득해야 한다.

감정평가사는 회계사나 변리사에 상응하는 국가공인자격증이다. 회계법인이 다수의 회계사를 직원으로 뽑아 기업 회계감사를 수행하듯 감정평가법인은 감정평가사를 채용하여 고객의 요구에 따라 유·무형의 자산 가치를 평가한다. 회계법인은 외부감사 시 공정성을 위해 의뢰한 기업으로부터 독립성을 유지해야 하는데 이는 감정평가법인도 마찬가지다. 하지만 감정평가법인에게 자산 감정을 의뢰하는 주 고객은 금융기관이며, 현재 체계와 시스템 아래서는 감정평가법인이 독립적으로 업무를 진행하기 어려워 개선에 대한 논란이 있다.

한국부동산원의 주요 업무 분야는 부동산 가격공시, 부동산 조사·통계, 부동산 시장관리, 감정평가 시장관리 및 보상수탁, 도시재생사업, **녹색건축**, 부동산 R&D가 있으며 부동산의 정확한 정책 조사, 과학적 분석 기법 도입과 발전을 위한 연구소로 한국부동산연구원도 두고 있다. 한국부동산원은 대구 이노밸리로에 위치해 있다.

한국부동산원의 채용 분야는 부동산, 건축, 통계, 경영, 전산 등이며, 전문적인 업무를 위해 감정평가사와 변호사도 따로 채용한다. 한국사능력검정시험 2급 이상이 필수이고 직무 체험을 위한 체험형 인턴도 채용한다.

· LTV(Loan To Value Ratio, 주택담보대출비율)

자산의 담보가치 대비 대출금액 비율이라는 뜻으로 담보대출을 취급하는 기준 중 하나이다. 금융기관은 대출채권에서 부도가 발생하는 경우 담보자산을 처분하여 대출채권 상환에 충당하며, 이때 대출채권 상환에 부족분이 발생하지 않도록 일정의 담보인정비율 이내에서 담보대출을 취급하고 있다.

$$LTV = \frac{(주택담보대출금액 + 선순위채권 + 임차보증금 \ 및 \ 최우선변제 \ 소액입차보증금)}{담보가치} \times 100$$

· DTI(Debt To Income, 총부채상환비율)

차주의 금융부채 원리금 상환액이 소득에서 차지하는 비율로 담보대출을 취급하는 하나의 기준이다. 금융기관은 주택담보대출 취급 시 차주의 소득에 근거한 채무상환능력을 반영하기 위해 DTI를 고려한다.

$$DTI = \frac{(해당 \ 주택담보대출 \ 및 \ 기존 \ 주택담보대출 \ 연간 \ 원리금 \ 상환액 + 기타부채 \ 연간 \ 이자 \ 상환액)}{연소득} \times 100$$

· DSR(Debt Service Ratio, 총부채원리금 상환비율)

차주가 보유한 금융부채의 원리금 상환액이 연소득에서 차지하는 비율이다. 차주의 금융부채 상환부담을 보다 정확하게 판단하고 금융기관의 담보 위주 여신심사 관행을 상환능력 평가 위주로 개선하기 위하여 도입되었다.

DSR = 금융회사 대출의 연간 원리금 상환액 ÷ 연소득 × 100

· 감정평가사(Certified Appraiser)

전문지식을 보유하고 토지, 건물, 동산, 유가증권 등의 재산을 평가하는 사람이자 공익사업을 위한 보상평가, 은행의 담보평가, 법원의 경매평가, 개발이익환수를 위한 평가 등의 업무를 수행자는 자를 의미한다. 부동산은 대부분의 나라가 전문가인 감정평가사(Valuer · Appraiser)가 그 가격을 평가하도록 한다.

감정평가사는 국가가 공인 자격을 주거나 민간협회가 부여하는데, 국가별로 차이가 있다. 우리나라는 1972년 12월에 제정된 「국토이용관리법」에 따라 토지평가사제도(土地

評價士制度)가 수립되었고, 1973년 12월에 「감정평가 및 감정평가사에 관한 법률」에 따라 공인감정사제도(公認鑑定士制度)가 수립되었다.

• 녹색건축(Green Building)

사람들에게 건강하고 쾌적하며 안전한 거주와 활동공간, 사업공간을 제공하는 동시에 에너지의 고효율적인 이용을 실현하고 환경에 가장 작은 한도의 영향을 미치는 건축물을 말한다.

CHAPTER 02

은행

≫ 금융의 역사, 금융의 혈관

1960년대부터 우리나라는 국가 발전과 더불어 은행 산업 또한 크게 성장했는데, 정부는 1964년 최초로 '저축의 날'까지 지정하면서 국민의 저축 의식을 높이고자 애썼다. 이러한 정책 덕분인지 '절약=저축=은행'이란 등식이 국민 개개인에게 오랫동안 뿌리내린 듯하다. 은행과 저축에 대해, 연배가 있으신 분들의 신뢰가 아직까지 절대적인 것은 이런 정책의 영향이 컸을 것이다.

필자 또한 절약과 저축을 강조하셨던 어머니의 영향으로 초등학교 입학 전부터 동전이 가득 든 돼지저금통을 들고 은행을 방문하곤 했다. 당시는 지점이 한산한 편이었는데 은행의 창구가 꽤 높아서 작은 키로 까치발을 하며 저금통과 통장을 창구 너머 예쁜 언니에게 전달해야만 했다. 그때만 해도 바로 업무를 처리해 줄 수 있는 시스템이 아니었던 터라 은행 대기석에 앉아 통장에 적금한 금액이 찍힐 때까지 기다려야 했는데, 은행에서 근무하던 언니는 가끔 앉아 기다리고 있는 내게 직접 다가와 예쁜 플라스틱 저금통을 선물해 주며 열심히 저축하라고 머리를 쓰다듬어 주었다.

동네 큰 도로에 위치한 한일은행(현 우리은행의 전신)은 근사하고 쾌적했던 곳으로 기억에 남아있다. 가끔 시중은행 사원 채용의 면접관으로 참여하여 몇몇 지원자들이 어릴 적부터 은행원을 꿈꿔왔다고 강조하는 것을 볼 때면 그들도 나처럼 은행에 대한 좋은 인상을 갖고 있는 듯하여 미소가 지어진다.

은행의 기원은 고대 메소포타미아 지방에서 시작된 것으로 보는 것이 거의 정설로 자리잡고 있는데, 가장 오래된 성문법으로 알려져 있는 고대 바빌로니아의 함무라비 법전에도 은행과 유사한 업무에 대해 기록되어 있다. 오늘날 은행 신용장과 유사한 제도도 4000년 전부터 시작되었다 하는데 어찌 보면 금융의 역사는 곧 인간의 역사와 함께 했다고 볼 수 있다.

하지만 현재 은행의 모습과 유사한 근대 은행은 14세기경 이탈리아에 와서 탄생했다고 알려져 있다. '베니스의 상인'이란 셰익스피어 원작의 희극에서도 엿볼 수 있듯이 당시 지중해의 항구도시인 베니스는 교역이 매우 활발한 곳이었다. 그 당시 어느 정도 부를 축적한 유태인들은 대부업을 시작했는데 이로부터 발전한 것이 현재의 은행이다. 르네상스 시대의 문학과 예술 분야에서 종종 거론되는 이탈리아 메디치 가문도 초기에는 환전 업무와 대금업을 시작으로 금융업을 영위했으며 이를 대형화하여 많은 부를 축적했다. 현재 은행의 영어 단어인 'Bank'도 유대인 환전상들이 거리에서 긴 의자(Banco)를 놓고 영업을 한 것에서 유래한 것이라 한다.

이 챕터에서는 중앙은행에서부터 국내은행, 외국은행 서울지점, 인터넷 전문은행까지 은행 종류와 역할, 채용 및 협회와 교육기관까지 은행 전반에 대해 상세하게 알아보고자 한다.

1 / 중앙은행

한 국가 내에서 은행마다 다른 화폐를 발급하며 우리가 발급한 돈만이 유효하다고 주장한다면 어떻게 될까? 어떠한 기준도 없이 은행마다 발행한 화폐가 한 국가 내에서 유통된다면 상상을 초월하는 혼란이 발생하고, 전쟁과 같이 끔찍한 생활을 해야 할 수도 있을 것이다. 이러한 혼란을 막기 위해 실물경제를 바탕으로 통화에 대한 기준을 정하고 통화량을 조정하는 국가의 경제 컨트롤 타워를 '중앙은행'이라 한다.

대한민국의 중앙은행은 1950년에 설립된 '한국은행(BOK; Bank of Korea)'이다. 우리나라의 중앙은행인 한국은행은 화폐를 발행하는 발권기능을 가지고 있으며 통화량을 조정함으로써 물가 안정 및 금융시장 안정에 기여하고 있다. 국가별로 중앙은행이 있지만 그 기능과 역할은 약간씩 차이가 있다.

2018년에 개봉한 영화 〈국가부도의 날〉은 1997년 아시아 외환위기 당시, 우리나라가 IMF 구제금융을 받게 되기까지 일련의 사건들을 다양한 위치, 여러 사람들의 입장에서 조명하고 있다. 실제 사건을 기반으로 한 허구이기 때문에 영화 속 하나하나의 내용이 모두 사실이라고 볼 수는 없지만 환율 규제, 국가 채무 관리, 타 국가 중앙은행과의 상호작용 등 중앙은행의 역할을 잘 보여주고 있다. 또한 국가의 금융 위기가 우리 생활에 어떤 영향을 미칠 수 있는가를 세밀하게 보여줌으로써 경제 안정의 중요성을 일깨워준다.

과거 스페인과 포르투갈에 의해 대항해시대가 본격적으로 열린 이후, 네덜란드는 1602년에 세계 최초의 주식회사인 동인도 회사를 설립했고, 1609년에는 역시 세계 최초의 중앙은행인 암스테르담은행(Bank of Amsterdam)을 세웠다. 단, 당시 암스테르담은행은 처음부터 근대적인 중앙은행의 모습을 띤 것은 아니었기에 1668년에 창설된 스웨덴 국립은행을 최초의 중앙은행으로 보는 견해도 있다.

뉴스에서 자주 접하게 되는 미국 연방 준비 제도(FRS, Fed, 연준)는 1913년에 설립되었으며, 비록 한국은행과 같은 중앙은행으로 이해하기에는 무리가 있으나 결과적으로는 미국 중앙은행의 역할과 동시에 세계의 중앙은행으로서 강력한 힘을 갖고 있다. 현재로서는 미국 달러(USD)가 전 세계의 기준이 되는 기축통화다 보니 미국 연방 준비 제도의 한마디와 정책 변화가 세계 경제에 미치는 영향은 실로 막강하다. 미국 정부의 압력으로 미국에 우호적인 국가뿐만 아니라 중국마저도 북한 경제 제재 조치에 동참하고 있음을 볼 때 기축통화와 기축통화국의 영향력을 실감할 수 있다.

유럽의 경우는 유럽 연합(EU)이 하나의 경제 공동체로 1998년 독일, 프랑스, 스페인 등 주요 17개국이 유럽중앙은행(ECB; European Central Bank)을 설립하여 유로(EUR) 화폐를 사용하고 있으나 영국은 별도로 중앙은행인 영국 은행(BOE; Bank of England)을 갖고 있다. BOE는 세계에 영향력을 발휘하는 가장 강력한 중앙은행 중 하나로 자국 화폐인 영국 파운드(GBP)를 사용한다.

가깝고도 먼 나라인 일본의 중앙은행은 일본은행(BOJ; Bank of Japan)
이다. BOJ는 1973년 설립되었으며 특이하게도 은행의 지분을 각각 일본 정
부, 보험회사 및 금융기관과 기타 투자자들이 보유하고 있는 주식회사의 형
태를 취하고 있다. 중국(중화인민공화국)의 중앙은행인 중국인민은행(PBC;
People's Bank of China)은 1948년 설립되었으며 사회주의 경제체제 아래
중국의 유일한 은행이었으나, 일반적인 은행 업무와 분리되어 현재는 중앙은
행의 기능만을 수행하고 있다.

· 아시아 외환위기

1997년 태국, 인도네시아, 필리핀 등 동남아 지역으로부터 시작되어 동북아시아로 확대
된 금융위기를 말한다. 1997년 태국이 태국 밧의 고정환율제를 포기하자 인도네시아가
타격을 받았고 우리나라도 외환 보유 관리의 실패로 이 때 IMF의 구제금융을 받게 되는
위기를 겪었다.

· 기축통화

기축통화란 여러 국가의 암묵적인 동의 아래 국제거래에서 중심적인 역할을 하는 통화
를 지칭한다. 구체적으로는 국제무역결제에 사용되는 통화, 환율 평가 시의 지표가 되는
통화, 대외준비자산으로 보유되는 통화 등의 의미가 있다. 그러므로 기축통화가 되기 위
해서는 세계적으로 원활히 유통될 수 있도록 유동성이 풍부하여야 하고 거래 당사자들
이 믿고 사용할 수 있도록 신뢰성을 갖추어야 한다. 또한, 국제적으로 경제력은 물론 정
치력·군사력까지 인정받는 국가의 통화이기도 해야 한다.

20세기 초반까지는 세계 금융경제의 중심이었던 영국의 파운드화가 기축통화로서 국제
거래에 주로 이용되었으며, 2차 세계대전 이후에는 전 세계 외환거래 및 외환보유액의
상당 부분을 차지하는 미국 달러화가 기축통화로 인정받고 있다.

2 / 한국은행과 금융통화위원회

비전 · 국가경제의 안정과 발전을 이끄는 한국은행

중앙은행으로서 '한국은행'은 '은행의 은행'이자 '대한민국 정부의 은행'이다. 중앙은행의 설립에는 설립 및 그 기능에 관여하는 별도의 특별법이 제정되어 있는데, 대한민국 중앙은행인 한국은행의 설립 근거가 되는 「한국은행법」이 1950년 5월 5일에 제정되었고 같은 해 6월 12일에 한국은행이 탄생하였다. 대한민국 중앙은행인 한국은행의 주요 역할은 화폐 발행, 통화신용정책 수립 및 집행, 금융시스템 안정을 위한 관리, 금융기관의 은행, 국고금 수납 및 지급, 원활한 자금의 지급결제를 위한 관리, 외환관리와 외환자산 보유 · 운용과 경제 전반에 관한 조사 연구 및 통계 업무로 크게 8가지가 있다.

한국은행은 우리가 일상생활에서 사용하는 화폐인 지폐와 동전을 발행하는 독점적 발행 권한을 갖고 있으며 이는 중앙은행의 핵심적이고 막강한 힘이다. 현재 우리나라의 지폐는 천 원권, 오천 원권, 만 원권, 오만 원권 4종류이며 동전은 1원화에서 500원화까지 총 6종류가 인정되고 있다. 또한, 한국은행은 '통화신용정책(통화정책)'을 수립하고 집행하는데, 통화신용정책이란 물가안정과 금융시장의 안정을 위해 유통되는 돈의 양을 조절하여 금리를 적정한 수준으로 조정하는 것이다. 통화신용정책의 수단으로는 공개시장운영, 여수신제도, 지급준비제도가 있다.

한국은행에는 중앙은행의 핵심 기능인 통화신용정책의 수립과 집행을 위한 '금융통화위원회'라는 정책결정기구가 있다. 대출, 예금 등 시중 금리를 위한 기준금리 결정에서부터 최근 코로나로 인한 금융안정 특별 대출제도 운용에 대한 전반 등, 통화정책방향을 의결하고 심의한다. 금융통화위원회가 본 회의에서 논의한 내용 중 통화신용정책에 관한 사항은 외부에 공개해야 하므로 한국은행 홈페이지 내의 의결사항에서 새로 업데이트 되는 정책 내용을 확인할 수 있다.

한국은행 홈페이지

상단에 보면 통화정책란이 마련되어 있어 통화정책의 목표, 운영과 방향성을 확인할 수 있다. 금융통화위원회(이하 금통위)는 한국은행 총재와 부총재를 포함하여 총 7인의 위원으로 구성된다. 금융 분야에서 가장 명예로운 경력 중 하나라 할 수 있는 금통위 위원은 홈페이지 위원 현황에서 명단과 이력을 확인할 수 있어 위원들이 어떤 커리어를 거쳐 왔는지 볼 수 있다. 만약 금통위위원을 목표로 생각한다면 7인 위원의 이력서를 참고해서 보는 것도 경력과 진로설정을 위한 좋은 동기부여가 될 수 있다.

· 공개시장운영

금융시장에서 금융기관을 상대로 국채 등 증권을 사고 팔아, 시중에 유통되고 있는 화폐의 양이나 금리 수준에 영향을 미치고자 하는 가장 대표적인 통화정책 수단이다. 한국은행은 공개시장운영을 통해, 금융기관 간의 일시적인 자금과 부족을 조정하는 콜시장의 초단기금리(콜금리)가 '한국은행 기준금리' 수준에서 크게 벗어나지 않도록 유도하고 있다. 이와 함께 금융불안 발생 시 공개시장운영을 활용하여 시중에 유동성을 확대 · 공급하는 등 금융시장 안정을 도모하는 기능도 수행한다. 한국은행의 공개시장운영은 증권매매, 통화안정증권 발행 · 환매, 통화안정계정 예수 등 세 가지 대표적인 형태가 있다.

· 여수신제도

중앙은행의 여수신제도는 중앙은행이 금융기관을 대상으로 대출 및 예금을 통해 자금의 수급을 조절하는 정책이다. 중앙은행 대출제도는 상업어음 재할인제도에서 유동성조절대출제도를 거쳐 현재 대기성 여수신제도(Standing Facilities)로 발전하여 왔다(상업어음재할인제도는 적격어음을 정하고 이에 맞는 자금만 공급하는 제도이고, 유동성조절대출제도는 금리공시기능과 함께 일시적 요인 등으로 유동성 부족에 직면한 금융기관에 대해 필요자금을 신속히 공급하는 기능을 수행하며, 대기성 여수신제도는 중앙은행의 정책금리를 중심으로 상하 일정폭의 금리수준에서 제한 없이 유동성을 공급 · 흡수함으로써 단기시장금리인 익일물금리의 상하한을 결정한다).

미 연준은 2003년부터 대기성 여신제도인 롬바르트형 대출제도만 도입하여 운용 중이며, 이에 반해 유럽중앙은행(ECB; European Central Bank)과 영란 은행(영국 은행)은 대기성 여신제도와 대기성 수신제도를 모두 도입하여 운용 중이다. 중앙은행 여수신제도는 중앙은행이 금융시스템에 유동성을 적절히 공급함으로써 금융시스템이 원활하게 작동하도록 유도하는데, 특히 중앙은행 대출제도는 중앙은행이 일시적 자금부족에 직면한 금융기관에 필요 자금을 지원함으로써 최종대부자로서 기능을 수행하는 데 있어 중요한 역할을 한다.

· 지급준비제도

중앙은행이 금융기관으로 하여금 예금 등과 같은 채무의 일정비율에 해당하는 금액을 중앙은행에 예치하도록 하는 제도. 은행이 예금고객의 지급요구에 응하기 위해 준비한 유동성 자산을 지급준비금이라 하며, 적립대상 채무 대비 지급준비금의 비율을 지급준비율이라 한다. 이때 지급준비금은 은행이 중앙은행에 예치하고 있는 자금(지준예치금)과 보유하고 있는 현금(시재금)으로 구성된다.

지급준비제도(Reserve Requirement)는 1863년 미국에서 예금자보호를 위해 법정지급준비금을 부과한 것이 시초이며, 그 후 1930년대 들어 지급준비율을 변경하여 본원통화의 조절이 승수효과를 통해 통화량에 영향을 준다는 사실이 드러나면서 지급준비제도는 중앙은행의 유동성조절수단으로 쓰이게 되었다. 그러나 1980년대 이후 금융의 자유화 및 개방화 등으로 시장기능에 바탕을 둔 통화정책의 필요성이 부각되면서 공개시장운영이 주된 통화정책 수단으로 지목된 상황에서, 지급준비제도는 여러 한계점으로 인해 정책수단으로서의 역할이 축소되었다.

다만 중앙은행은 지급준비율 변경을 통해 금융기관의 자금사정을 변화시키고 시중유동성을 조절할 수 있으며, 나아가 금융안정을 도모하고 금융시장에 중앙은행의 정책방향을 강력하게 알리는 공시효과가 있어 지급준비제도는 여전히 유용한 정책수단으로 활용되고 있다.

3 / 특수은행

시중은행은 영업행위를 통해 이익을 창출하고 이익을 주주가 나누어 갖는 민간기업이다. 그러나 시중은행과 달리 특수은행은 정부가 '특정한 목적을 달성하기 위해 특별법에 의거하여 설립한 은행'을 말한다. 국책은행과 혼용하여 사용하기도 하지만, 정확하게 같은 의미는 아니다.

특수은행의 부서와 업무는 일반은행과 유사한 부분도 많지만, 무엇보다 특수목적과 공공성에 초점을 맞추어 운영되며, 재원마련도 고객의 예금에만 의존하는 것이 아니라 재정자금과 채권발행 등의 방법을 통해 조달할 수 있다.

앞서 언급한 것처럼 특수은행은 정부가 국민경제에 있어 특수 분야에 금융지원을 하려는 등 특정 목적을 위해 설립하였다. 이들은 중요 산업의 발전과 기술개발을 위한 장기시설자금을 공급하는 '한국산업은행', 수출입금융을 전문으로 하는 '수출입은행', 중시 기업을 위해 금융서비스를 제공하는 '기업은행(중소기업은행)', 각각 농업인과 수산인의 권익을 대변하고 다양한 경제사업을 지원하는 '농협중앙회'와 '수협중앙회'가 있다.

특수은행은 전문 금융 경력을 쌓기에 매력적인 곳인데다 직업의 안정성 측면에서도 선호도가 높아 입행을 원하는 지원자들이 많지만 저마다 목적이 다르기 때문에 각각 특수은행의 목적과 주요 업무를 잘 분석해야만이 금융기관과 산업분야 및 기업과의 관계를 쉽게 이해할 수 있다. 우리나라 5개 특수은행과 그 설립목적, 기능을 살펴본 뒤 채용에 대해서 알아보도록 하자.

❶ KDB산업은행 KDB; Korea Development Bank

비전 • 대한민국을 미래로 연결하는 금융플랫폼

KDB산업은행은 대한민국 대표 정책금융기관으로 한국 산업은행법에 의거하여 1954년에 특수법인으로 설립되었다. KDB산업은행은 대한민국 산업발전을 위해 기업대출과 정책금융업무를 수행하는 국책은행으로 운영되다 2008년 **민영화** 방침에 의해 산은금융그룹의 자회사로 편입되었다. 이후 2015년 1월, 정책금융공사와 산은지주, 산업은행을 합병하여 '통합산은'으로 새롭게 출범하였고 2021년 현재까지 중견(예비)기업 육성, 4차 산업혁명 지원, 기업구조조정 추진, 산업과 기업의 체질개선 및 혁신성장을 위해 신정책금융을 지원하고 있다.

산업은행은 설립 초기 당시부터 20년 동안 전후 경제재건 지원, 경제개발 정책에 따른 개발금융을 지원하였고, 대한민국 산업의 발전 및 변화에 따라 장기 설비 금융지원 등의 기업 금융, IB 업무, 벤처기업 육성, 금융위기 극복 지원까지, 시대적 요구에 부응하는 정책금융지원을 위해 노력하고 있다.

KDB산업은행의 조직은 혁신성장금융부문, 기업금융부문, 중소중견금융부문, 글로벌사업부문, 자본시장부문, 경영관리부문을 포함하여 총 9개 부문으로 구성되어 있는데, 각 부문별로 벤처금융본부, 구조조정본부, 기간산업안정기금본부, IDT 및 자금시장본부 등의 주요 본부들이 자리잡고 있다.

KDB산업은행의 자회사로는 리스금융, 팩토링 등을 제공하는 여신전문금융회사인 'KDB캐피탈', 인프라펀드 전문 자산운용사 'KDB인프라'와 구조조정 전담기관인 'KDB인베스트먼트'가 있다.

KDB산업은행 주요 기업금융

혁신성장금융	중소중견기업 지원금융
기술형 혁신·벤처기업에 대한 모험·성장자본 공급 및 혁신창업생태계 조성을 통해 미래 신성장 산업을 육성하고 기업 경쟁력 제공	성장단계별 맞춤형 금융지원을 통해 중소·중견기업 성장을 견인하고, 지원프로그램 마련 등 주력산업 및 신성장 분야 경쟁력 강화 지원
투자금융	**글로벌금융**
회사채 주선, 구조화 금융, M&A, PEF 등 다양한 자본시장의 툴(Tool)을 활용하여 기업의 원활한 자금조달을 지원	국내기업의 해외 신시장 개척을 지원하고 해외 PF 금융, 크로스보더(Cross-border) 금융 등 글로벌 금융시장의 선도적 개척을 통해 대한민국 대표차주 역할 수행

*출처 : KDB산업은행 홈페이지

KDB산업은행은 2020년에 일반채용, 고졸채용 및 체험형 인턴 선발이 있었다. 일반채용은 은행일반, 디지털 기술분야로 근무지는 서울본점을 비롯한 전국지점이다. NCS 기반 블라인드 채용으로 절차는 서류전형, 논술, 전공, NCS 직업기초능력의 필기시험과 1,2차 면접으로 진행했다. 다른 금융기관과 다른 산업은행 채용절차에 특별한 점이 있다고 하면 서류전형에서 지원동기 및 입행 후 계획을 자필로 작성하는 것이다. 또한, 필기시험이 금융감독원과 더불어 어렵다고 알려져 있는데 경영 직렬 지원자라면 전공은 재무

관리, 중급회계, 경영학 세 과목을 본다. 물론 다른 전형들도 매우 중요하지만, 산업은행과 같은 금융공기업의 논술과 전공시험은 많은 사람들이 넘기 힘들어 하는 높은 벽이다.

· 민영화

공기업의 효율성 향상을 위해 정부가 운영하는 공기업이나 공공기관을 민간기업으로 경영을 넘기는 것. 공기업은 정부의 지원 아래 정부사업을 대행하므로 수익 구조가 안정적이며, 특정적인 분야에서 독점적인 지위를 누릴 수 있는 특성이 있다. 이러한 안정적 구조에서는 효율성이 떨어지는 부작용이 나올 수 있어 민영화를 통해 시장에서의 경쟁을 통한 효율성 증진을 꾀하려는 것이다.

공공부문의 민영화는 크게 외부에서 주도하는 외부민영화와 행정기관이 주도하는 내부민영화로 나뉘는데, 정부 규모를 최저수준으로 유지할 수 있어 작은 정부 구현이 가능하다는 점과 민간부문의 자본이나 인력이 유입되어 민간 경제가 살아날 수 있다는 점, 정부의 비용 절감으로 효율성이 강화된다는 점 등을 장점으로 꼽을 수 있다. 반면, 정부와 민간업체 사이에 책임 소재가 불분명해질 우려가 있고, 민간 업체의 독점화, 가격 인상 등 부작용이 나타날 수 있다.

· IDT본부

산업은행에서 2019년 조직개편 이후 전행적 디지털 전환(Digital Transformation)을 추구하기 위해 기존의 IT본부에서 변경한 이름이다.

· 팩토링(Factoring)

거래기업이 외상매출채권을 팩토링 회사에 양도하고, 팩토링 회사가 거래기업을 대신하여 채무자로부터 매출채권을 추심하는 동시에, 이와 관련된 채권의 관리 및 장부 작성 등의 행위를 인수하는 단기금융의 한 방법이다. 우리나라의 경우 1979년 아세아종합금융에 의해 처음 도입되었다.

· PF(Project Financing)

부동산개발과 관련된 특정 프로젝트의 사업성을 평가하여 그 사업에서 발생할 미래 현금흐름(Cash Flow)을 제공된 차입원리금의 주된 상환재원으로 하는 대출. 사업자 대출 중 부동산개발을 전제로 한 일체의 토지매입 자금대출, 형식상 수분양자 중도금대출이나 사실상 부동산개발 관련 기성고대출, 부동산개발 관련 시공사에 대한 대출(어음할인 포함) 중 사업부지 매입 및 해당 사업부지 개발에 소요되는 대출(운전자금 및 대환자금 대출 제외)이 이에 포함된다.

PF는 1920년대 미국의 유전개발 사업에 활용되면서 세계적으로 확산되었으며, 지금도 대규모 투자가 요구되는 가스, 석유와 같은 에너지개발이나 도로, 항만, 발전소와 같은 사회간접자본 투자에 많이 활용된다. 프로젝트 자체를 담보로 장기간 대출을 해주기 때문에 금융기관이 개발계획 단계부터 참여해 수익성이나 업체의 사업수행능력 등을 포함한 광범위한 분야에 걸쳐 심사한다.

❷ 한국수출입은행 KEXIM; The Export-Import Bank of Korea

비전 • We Finance Global Korea

한국수출입은행(이하 KEXIM)은 수출입, 해외투자 및 해외자원개발 등 대외 경제 협력에 필요한 금융을 제공하기 위해 1976년 설립된 정책금융기관이자 개발도상국 최초의 수출입은행이다. 주 업무는 수출 관련 대출 및 여신 지원, 해외사업 지원, 건설 등이다.

KEXIM의 기능 및 역할

공적수출신용기관(ECA)으로서 국가수출 촉진 지원	• 해외건설 · 플랜트, 선박 등 주요 수출산업 및 창조경제 부문의 금융 지원 • 해외투자 · 해외자원개발산업에 대한 전략적 지원 • 국민경제에 긴요한 주요자원 및 필수원자재 등의 수입 지원
대외경제협력기금(EDCR)을 통한 대 개도국 경제협력 증진	• 개도국 경제개발 원조 사업에 대한 심사, 차관공여계약 체결, 자금집행 및 사후관리 • 공적개발원조(ODA) 정책방향 연구
남북협력기금(IKCF)를 통한 통일기반 조성에 기여	• 유무상 지원 사업에 대한 심사, 자금집행 및 사후관리 • 북한의 조선무역은행과 함께 청산결제 전담 은행으로 지정

*출처 : 한국수출입은행 홈페이지

KEXIM의 조직은 경영기획본부를 포함하여 총 8개 본부가 있고 그 중 남북협력본부, 경협사업본부, 및 프로젝트금융본부가 KEXIM의 핵심 사업과 관련 있는 부서이다.

KEXIM에서는 일반정규직과 체험형 인턴을 선발하는데 일반 정규직 채용 시 일반과 청년인턴수료자 전형이 따로 있다는 점에서 타 기관과 차이가 있다. 채용과정에서 전문자격증, 한국사능력검정시험, 제2외국어 우수자 및 당행 청년인턴수료자 중 우수 인턴에 대한 우대사항이 있으며, 타 금융공기업과 달리 논술 시험은 없다.

채용절차는 서류전형, 필기전형, 1·2차 면접으로, 이 중 필기시험에는 NCS 직업기초능력평가 및 전공 문제가 출제되며, 해외사업중심 은행답게 1차 면접에 영어활용능력평가를 진행한다. 2020년 하반기 약 30명의 신입사원을 채용한 KEXIM은 2019년과 2020년 모두 100여 명 정도로 비교적 많은 체험형 인턴을 채용했는데, 일반 정규직 채용 시 당행 인턴 경력자들 중에서 선발하는 전형이 있기 때문에 인턴 지원 또한 경쟁이 치열한 편이다.

❸ IBK기업은행 Industrial Bank of Korea

비전 · 글로벌 경쟁력을 갖춘 초일류 금융그룹

중소벤처기업부에서 발표한 자료에 따르면, 2017년 기준 우리나라의 중소기업은 모두 630만 개로 전체 기업의 99.9%를 차지하고 있으며, 중소기업 종사자는 1,599만 명으로 전체 기업 종사자의 82.9%이다.

IBK기업은행은 「중소기업은행법」에 따라 중소기업과 중소기업인의 금융 지원 목적을 위해 1961년에 설립된 특수은행으로, KDB산업은행에 이어 2번째로 설립된 국책은행이다. 법률상의 정식 명칭은 중소기업은행으로, 기업은행, IBK기업은행이 혼용되어 쓰이고 있다.

대기업이나 글로벌 기업에 비해 상대적으로 자금력이 부족한 중소기업은, 뛰어난 기술력을 바탕으로 R&D를 통해 개발한 종목을 막상 제품으로 실현하더라도 다음 단계인 유통, 영업, 마케팅에 이르기까지 자금이 필요한 과정과 맞닥뜨리게 된다. IBK기업은행은 상대적으로 대기업이나 중견기업 등에 비해 많은 어려움을 겪고 있는 중소기업을 대상으로 대출 등의 여러 자금지원 및 금융서비스를 제공하고 있다. 이처럼 중소기업의 성장을 뒷받침해 주는 정책과 금융 환경이 튼튼하면 기업의 성장뿐만 아니라 일자리 창출에도 크게 기여할 수 있다.

한편 기업은행은 'I-one Job(www.ibkonejob.co.kr)'이라는 중소기업 전문 취업포털을 운영하여 은행 업무뿐만 아니라 중소기업과 청년의 일자리 매칭 및 창업지원에도 힘쓰고 있다. 코로나19와 같이 예기치 못한 극심한 어려움 속에서 정책·금융지원은 오랜 가뭄에 단비가 될 수 있다.

기업은행은 2020년 상반기와 하반기 모두 신입사원 공채를 실시했으며, 특히 하반기에는 지역인재와 지역할당을 포함하여 금융영업 95명, 디지털 25명, 금융전문과 글로벌에서 각각 15명씩 총 150명이라는 비교적 많은 인원을 채용했다. 이 중 금융영업과 디지털 분야에서는 고졸인재 공채도 함께 실시했으며, 공인회계사, 변호사를 비롯한 전문 자격증(변리사, CFA)은 필기시험에 15% 가점을 부여했고, 나머지 AICPA, 감정평가사, 관세사, 노무사, 세무사, FRM 등의 자격증에도 10% 가점을 주었다. 당행 청년인턴 중 우수인턴과 당행 주관 공모전 당선자에게도 필기시험 시 가점이 있었다.

채용과정은 크게 서류심사, 필기시험, 실기 및 면접이 있었는데 서류심사는 1단계에서는 서류검증, 2단계에선 서류등급평가로 나누어 서류검증과정을 강화했다(평가항목 : 직무적합성, 의사전달력, 역량 개발 노력도 등). 필기는 NCS 직업기초 40문항과 전공부문 50문항이 출제되었는데 금융영업 분야 지원자들 상당수가 2019년에 비해 경제만큼 경영과목이 꽤 어려웠다는 소감을 남겼다. 게다가 실기시험 전 AI 역량검사를 실시하는 등, 전반적으로 검증 단계가 늘어났다고 볼 수 있다.

· 중소벤처기업부(MSS ; Ministry of SMEs and Startups)

중소기업에 관한 사무를 관장하는 중앙행정기관으로, 1973년 상공부 외청으로 출범한 공업진흥청으로 시작해 1996년 통상산업부 산하의 중소기업청으로 설치되었다. 정부조직 개편에 따라 1998년 산업자원부, 2008년 지식경제부를 거쳐 2013년 3월 산업통상자원부 산하의 외청으로 변경되었으며, 2017년 7월 26일 정부 조직 개편에 의해 전 미래창조과학부(현 과학기술정보통신부)의 창조경제 진흥 업무 등을 이관 받아 중소벤처기업부로 격상하였다.

주요 업무로는 중소기업 육성시책 수립, 중소기업 구조개선 사업, 중소기업 기술 지원, 벤처기업 육성, 대기업과 중소기업 간의 협력 증진, 중소기업에 자금 및 인력 지원, 중소기업 수요기반 확충, 중소기업 재해 관리, 중소기업 동향 조사분석, 경영정보화 지원, 여성 및 장애인 기업 육성, 소상공인 정책자금 융자 및 컨설팅 지원, 유망 소상공인 프랜차이즈화 지원, 전통시장의 시설 현대화 사업 등 전통시장 활성화 추진 등이 있다.

· 변리사

변리사란 산업인력공단에서 시행하는 변리사 시험에 합격한 사람 또는 「변호사법」에 따른 변호사 자격을 가진 사람으로서, 대통령령으로 정하는 실무수습을 마친 사람을 말한다(「변리사법」 제3조). 변리사는 산업재산권에 관한 상담 및 권리 취득이나 분쟁해결에 관련된 제반업무를 수행하는 산업재산권에 관한 전문자격사다. 변리사 자격제도는 공업소유권 제도의 창설과 함께 새로이 개발되는 신기술에 대해서 발명자와 출원인의 권리보호를 위한 업무와 권리분쟁을 전문적으로 담당하는 전문인력을 양성하기 위해 제정되었다.

• CFA(Chartered Financial Analyst)

미국 CFA Institute에서 자격을 부여한 공인재무분석사를 뜻하는 말로, 이 자격을 취득하기 위해서는 최소 3년에 걸쳐 3단계의 시험에 순차적으로 합격해야 하며, 동시에 4년 이상의 투자관련 분야 실무 경력을 인정받아야 한다.

CFA는 경제학·통계학은 물론 재무제표 및 주식의 분석·평가, 포트폴리오 관리까지 투자와 관련된 모든 분야의 전문가로서 세계의 금융기관에서 애널리스트·펀드매니저·딜러·브로커 등으로 활약하고 있다.

• FRM(Financial Risk Manager)

국제재무위험관리사를 뜻하는 말. 이들은 금융기관과 기업체의 각종 금융위험을 예측, 측정하여 적절한 대비책을 강구하는 전문가이다. 외환, 원자재가격, 이자율 및 주가의 변동성을 선물, 옵션, 스왑 등의 각종 금융상품을 이용하여 관리하며, 1997년부터 국제재무위험관리전문가협회(GARP; Global Association of Risk Professionals)'에서 FRM 자격증을 주관하고 있다.

FRM 자격은 한국금융투자협회에서 주관하는 국내FRM과 미국의 GARP에서 주관하는 국제FRM으로 구분되는데, 국내FRM은 재무위험관리사라고 한다. 국내FRM에 비해 국제 FRM의 자격시험은 훨씬 난이도가 높은 것으로 알려져 있으며, 이에 따라 업계에서의 인정받는 정도에도 차이가 있다.

❹ NH농협은행

비전 · 사랑받는 일등 민족은행

NH농협은행은 NH농협금융지주의 계열사로 대한민국 농업 계열의 특수은행이다. 우리나라의 농협은행처럼 프랑스에는 크레디트아그리꼴(Credit Agricole)은행이, 중국에서는 중국농업은행이 농민과 농업 분야를 지원하기 위한 특수목적으로 시작되었으나, 현재는 시중은행과 비교하여 기능 면에서 큰 차이는 없다. 그 중 네덜란드를 대표하는 라보뱅크(Rabo Bank)는 가장 믿을 수 있으며 내실 있는 특수은행으로 세계적인 명성을 얻고 있는데, 협동조합은행으로서 농업금융기관이기도 하며 네덜란드 농식품 산업에서 시장점유율이 무려 85%를 차지한다.

NH농협은행은 1961년 8월 (구)농업협동조합과 농업은행의 통합으로 시작되던 「농업협동조합법」 개정에 따라 농협중앙회의 신용사업 부문이 분리, 2012년 3월 현재의 농협지주 산하 NH농협은행으로 출범하였다. 간혹 NH농협은행과 NH농협을 혼동하는 일이 있는데, 둘은 각각 다른 기관으로 농협은행 또는 농협중앙회로 적혀 있는 것이 특수은행인 NH농협은행이다. 특수은행이라고는 해도 시중은행처럼 예금, 적금, 방카슈랑스, 펀드 등의 다양한 금융상품을 취급한다.

농협이란 명칭은 이전의 농 · 축협이며 지역의 협동조합으로 '단위농협', '지역농협'으로 불리던 것에서 유래되었다. NH농협은행은 기업금융보다는 개인금융에서 경쟁력을 가지고 있으며, 로또가 당첨되면 당첨금을 받을 수 있는 은행으로도 널리 알려져 있다.

NH농협은행의 채용과정은 서류전형과 필기전형, 면접전형으로 나뉘는데 서류전형에서는 역량, 조직적합도 중심으로 평가하며 온라인 인적성평가를 진행한다. 필기전형은 인적성과 직무능력평가, 직무상식평가, 논술평가로 구성되어 있으며 면접전형은 집단면접, 토의면접, RP면접(Role Paly), PT면접, 심층면접 등 여러 방식으로 지원자를 평가한다.

NH농협은행은 2021년 상반기 340명 규모의 채용을 진행했다. 일반과 IT 분야로 나눠 실시했는데, 일반 분야의 경우는 시 · 도 단위로 구분하여 채용을 진행하고, 블라인드 방식의 열린 채용을 진행했다. 2020년 하반기 5급 신입사원을 채용하면서 데이터, 자금운용, 기업금융 등의 전문 분야를 추가하고 수학 및 통계학 등 이공계 출신들에게 기회를 넓혔으며, 수학, 통계학, 산업공학 및 **금융공학** 분야의 경우 석사 이상 학위자를 우대하였다. 논술은 약술형을 추가하였는데 농업 · 농촌에 대한 주제가 출제되었다.

· RP면접(Role Paly)

상담이나 임상심리학에서 다양하게 사용되는 역할연기 기법을 채용 단계에서 사용하는 면접 방식. 주로 영업 분야 인력 채용에서 활용하는 면접기법으로 고객으로부터 발생하는 여러 가지 어려운 상황을 설정하여 지원자의 반응과 행동을 평가한다.

· 금융공학(Financial Engineering)

금융자산 및 금융파생상품을 설계하고 가치를 평가하며, 금융기관의 위험을 관리하는 등 제반 금융 문제를 수학적 방법을 동원하여 해결하는 첨단 학문이다. 금융공학의 특징 중 하나는 재무학, 통계학, 수학, 계량 경제 등의 여러 학문 분야가 어우러졌다는 것으로, 이를 통해 다양한 금융상품 개발과 거래를 가능하게 했다.

❺ Sh수협은행

Sh수협은행은 1962년 수협중앙회로 시작하여 2016년 12월에 수협중앙회에서 분리, 수협의 자회사인 Sh수협은행으로 출범하였다. Sh수협은행은 대한민국 해양수산업의 발전과 해양 · 수산인의 성공을 지원하기 위해 설립된 특수은행으로, 농업, 수산업 지원을 목적으로 하는 특수성과 각각 중앙회의 신용부문에서 분리됐다는 점에서 NH농협은행과 비슷하다.

Sh수협은행도 다른 은행과 마찬가지로 예금, 신탁, 대출, 외환, 펀드 등의 일반은행 업무가 가능하며, 수산업을 지원하기 위해 해양수산금융으로 금융 컨설팅을 함께 진행하는 것이 다른 은행과는 다른 점이다.

해양수산금융 자금의 종류 및 대상

자금/기금	종류	대상
수산정책자금	귀어 창업 및 주택 구입 지원자금 수산업경영인 육성자금	개인
	배합자료 구매자금, 수산업경영 회생자금, 양식시설 현대화자금, 피해 복구자금, 어업 경영자금, 수산 연관 우수기술 사업화 지원자금, 해양 우수기술 사업화 지원자금	기업/개인
	원양어업 경영자금, 안전복지형 연근해어선 기반 구축자금	기업
수산발전기금	TAC참여어업인 경영 개선자금, 산지중도매인 유통자금, 수산 장비 구입 지원사업, 수산물수매 지원자금	기업/개인
	가공업체 운영자금, 산지위판장 출하 지원자금, 노후 소형유조선 현대화자금, 우수수산물 지원자금(수출자금)	기업
정부협약자금	연안선반 현대화 자금대출, 유 · 도선 현대화자금, 항만하역장 비현대화자금	기업

일반정책자금	가스안전관리 사업자금, 국민체육 진흥기금, 산업재해예방 시설자금 등	기업
수산해양일반 자금	수산해양일반 자금대출	기업
	Sh수산물 제조 · 가공 업체론, 예선업 대출, 농신보 Plus 대출	기업/개인

수협은행에서는 2019년 하반기에 신입행원(일반직 3급)을 채용하였다. 전국과 지역인재(제주), IT 분야를 채용했고 NCS 직업기초능력 포함해 분야별로 금융관련 상식(일반), 코딩능력(IT) 등을 평가하는 필기전형과 세일즈능력과 의사소통을 평가하는 면접전형이 진행되었다.

수협은행의 자기소개서 항목에서 주로 출제되는 질문사항은 직업선택에서 중요한 가치와 수협은행 지원동기, 지원직무에 있어 본인만의 차별화된 역량과 준비 노력, 그리고 은행과 생활 속에서 경험한 최고의 서비스 및 최악의 서비스와 느낀 점 등이다.

4 / 일반은행

　우리가 일상생활에서 가장 쉽게 접할 수 있는 은행을 생각하면 된다. 상업적 행위를 하는 상업은행의 일종으로, 기업·개인 간의 거래를 통해 영리를 목적으로 영업활동을 하는 곳이다. 일반적으로 여신과 수신을 기본으로 하는 여러 종류의 금융서비스를 제공하며 신용 창출의 기능을 한다. 우리나라의 일반은행은 화폐 발행 권한을 갖고 있지 않지만, 외국의 몇몇 상업은행은 발행 권한을 갖고 있는 곳도 있다.

　금융권 취업을 준비하는 사람들이 가장 많이 선호하고, 그만큼 채용을 꾸준히 진행하는 곳이 바로 일반은행이다. 앞서 말한 것처럼 우리에게는 일상에서 접할 수 있는 아주 익숙한 은행으로, 국내의 빅5 금융그룹에 속해있는 은행(하나은행, 우리은행, 신한은행, KB국민은행), 지방은행(부산은행, 전북은행 등)과 외국계 은행(SC제일은행, 시티은행), 최근 설립된 인터넷전문은행도 모두 일반은행에 속한다. 각각 형태는 달라 보이지만, 「일반은행법」에 따라 설립·운용된다는 것이 특징이다.

　주요 업무로는 예금 업무, 대출 업무, 외국환 업무가 있으며, 부수적인 업무로는 국고금 수납 지급과 국채의 보관 수납 및 원리금의 지급 등이 있다.

은행 취업을 준비하는 대부분의 구직자들이 말하는 곳이 바로 일반은행이며, 국내 일반은행의 경우 매년 2만 명 이상의 신규채용을 진행한다. 그렇다면 일반은행이 최근 어떤 행보를 보이고 있는지 알아본 뒤 취업 기준을 세워, 어떻게 구직활동을 해야 하는가에 대한 답을 찾아보도록 하자.

전통적인 일반은행의 영업 방식은 최근 코로나19 팬데믹으로 인해 빠르게 변화되고 있다. 다양한 산업에서 비대면거래의 확대가 기존 패턴보다 20배 가량 빨라졌다는 연구가 발표되고 있는데, 일반은행 인재를 선발하는 과정에서도 이러한 점이 반영될 것으로 예측할 수 있다. 하지만 은행의 영업 방식이 혁신적으로 바뀐다 하더라도 금융의 대표 기관이라 할 수 있는 일반은행의 역할과 기능에 대해 자세하게 이해하고 학습해야 한다고 강조하고 싶다.

과거의 은행 거래 패턴과 새로운 세대들의 은행 거래 패턴에 대한 고민을 하지 않고서는 충분한 취업 준비를 하기 쉽지 않을 것으로 보인다. 매년 2만여 명의 신규 채용을 진행하고 있음에도 일반은행 점포 수가 축소된다는 것은 무엇을 의미하는 걸까? 최근 한 은행당 20개의 점포들이 통폐합되고 있으며, 일반은행에서의 근무인원 또한 매년 1만여 명씩 줄어들고 있는 추세이다. 이러한 상황에서 개인이 살아남기 위해서는 좀 더 창의적이고 남들과 차별화할 수 있는 능력 배양이 중요하다고 본다.

필자는 강연에서 '일반은행에서 직원 1명이 지닌 가치를 얼마라고 생각할까?'라고 질문하곤 한다. 은행에서 행원으로 일하는 것이 매력적인 이유 중 하나로 '연봉'이 빠질 수 없다. 물론 금융회사 중에서도 일반은행보다 많은 연봉을 지불하는 곳이 있지만, 평균적으로 생각해보더라도 일반은행의 연봉은 꽤나 매력적이다. 하지만 이는 그만큼 회사의 입장에서 생각하는 직원의 가치가 남다르기 때문이다. 이 글을 읽고 있는 여러분이 놀라지 말았으면 한다.

필자가 국내 ○○은행 최종면접관으로 참여했던 때의 일이다. 행장님께서는 직접 좋은 직원을 잘 뽑아달라고 말씀하시며, 직원 한 명이 지닌 가치가 '50억 원'이라는 말씀을 하셨다. 필자 또한 이 이야기를 듣고, 요즘과 같은 상황에서는 충분히 말씀하실 수 있는 숫자라고 생각을 했다. 다만 문제는 은행의 이러한 기대가 구직자 입장에서는 점점 더 까다롭고 어려운 입사 과정으로 전환될 수 있는 것이다.

현장에서 필요로 하는 역량을 지닌 인재와 구직자들 사이의 갭은 크다. 이를 있는 그대로의 문제로 전달하는 이유는 단 하나이다. 구직활동에 있어 진정성과 밀도 있는 고민을 많이 하여, 현장에서 필요로 하는 것에 대한 대안을 이야기할 수 있었으면 하는 바람이 있기 때문이다. 면접에서 은행의 역할에 대해 물어봤을 때 기계적으로 같은 이야기를 하는 것보다는, 현재의 상황을 제대로 인지하고 이에 대하여 사실적인 고민을 하고 있음을 전하는 것이 자신의 경쟁력을 높이는 방법이다.

● **은행의 기능**
- 시간과 국경, 산업을 초월하여 자금 이전의 수단을 제공한다.
- 상품 및 서비스, 자금의 원활한 거래를 위해 결제수단을 제공한다.
- 리스크 관리수단을 제공한다.
- 대규모 프로젝트를 위한 자금 축적 및 대기업 소유권을 다수의 소유자에게 분할하기 위한 수단을 제공한다.
- 경제 각 부분의 독립적인 가격 결정을 위한 정보를 제공한다.
- 정보비대칭이 존재하는 경우 또는 타인의 대리인으로서 행동하는 경우, 인센티브(Incentive)에 관한 문제해결 수단을 제공한다.

위에서 제시하고 있는 기능만 포함하더라도 일반은행이 지닌 사회적인 중요도는 더 이상 논하지 않아도 될 것이다.

❶ KB국민은행

비전 · 최소의 인재와 담대한 혁신으로 가장 신뢰받는 평생금융파트너

60~70년대 서민금융은행의 대표주자로 출발한 국민은행은 1997년 IMF를 기점으로 안전성과 브랜드 파워가 상승함은 물론, 현재 최고의 인재와 담대한 혁신으로 가장 신뢰받는 평생금융파트너로서의 KB국민은행의 도전이 시작되었다고 하더라도 과언이 아니다.

KB국민은행은 시중은행 중에서도 인재에 대한 중요성을 강조하는 것으로 유명하다. 최고의 인재들을 바탕으로 금융 전문가 집단을 구성하여 멀티플레이어들과 다양하고, 차별화된 서비스를 제공하기 위해 꾸준한 시도를 하고 있다.

또한 KB국민은행은 과감하게 기존 은행의 틀을 깨고 금융 패러다임의 변화를 선도하기 위해 노력하고 있다. 2018년에 출시한 BTS 적금을 통해 고객층의 다변화를 이룬 사례가 대표적이다. 사실 이와 같은 시도는 기존의 금융 환경에서는 생각도 못할뿐더러 구조상 상품화가 되지 않을 확률이 매우 높다. 하지만 KB국민은행은 이런 틀을 벗어 던진 좋은 사례로 업계 선두에 설 수 있는 장을 만들었다.

이처럼 KB국민은행은 치열한 경쟁 환경 속에서도 꾸준히 고객의 입장에서 차별화된 서비스 제공과 상품을 개발하여 고객들에게 인정받고 있으며,

동시에 고객과의 상생 파트너로 고객에게 가장 빠르고 편리한 금융을 제공하고, 다양한 영역에서 도움을 주는 진정한 동반자로 자리 매김을 하기 위한 시도를 꾸준히 진행하고 있다.

KB국민은행은 핵심가치로 고객중심, 전문성, 혁신주도, 신뢰 정직, 동반성장 등의 키워드를 제시하고 있다. 이렇게 고객중심으로 혁신을 주도하고자 '창의적 사고와 행동으로 변화를 선도하는 고객가치를 향상시키는 프로 금융인'을 인재상으로 정하고, 채용·양성하고 있다. 디지털 경제로의 흐름 변화에도 빠르게 반응하며, '고객이 중심이 되는 KB', '직원이 중심이 되는 One-Team, One-Firm KB', '디지털 혁신을 선도하는 KB', '역동적이고 혁신적인 KB국민은행'의 모습을 강조하고 있다.

KB국민은행은 2020년 3월에 국내 은행 최초로 ESG 전담부서를 설립하였다. 경영 현장에서 ESG 추진위원회를 통해 탄소배출 저감, 친환경상품·투자 활성화, 리스크관리체계 정립 등 ESG 주요 추진과제를 이행·관리 하고 있다. 이것을 보면 알 수 있듯이 KB국민은행은 ESG 가치 실현을 위한 경영활동에 최선을 다하고 있다.

KB국민은행은 ESG 가치를 창출하고 이해관계자로부터 신뢰받는 기업이 되기 위해 'ESG STAR' 전략을 수립하였다. 은행 비즈니스 영역과 부합한 4개 전략방향(Pillar)과 12개 중점 영역(Commitment)의 ESG 활동을 설정하여 지속 가능한 사회 구현에 앞장서기 위한 시도를 이어나가려는 것이다. 이러한 시도에는 인재가 필수적이며, 그들이 지닌 역량이 무엇보다 중요하다. 이러한 국민은행의 노력은 차세대 금융시장을 선도하기 위한 자신들의 의지를 표현한 것이라고 생각한다.

ESG 목표

은행 ESG 및 친환경 금융 실적(조 원)

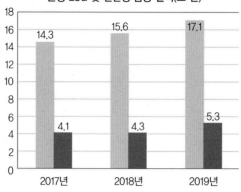

■ ESG 실적 : 환경사회지배구조 특화 상품

■ 친환경 실적 : 환경 특화 상품

그룹 온실가스 배출 현황(tCO_2eq)

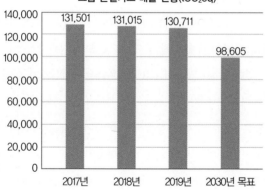

*출처: 국민은행 홈페이지

· BTS 적금

KB국민은행이 방탄소년단(BTS)과 협업하여 2018년 6월에 처음 출시한 금융상품으로 해당 상품은 총 판매좌수가 27만 좌를 넘어섰다. 초회 1만 원 이상 매월 100만 원 이하 금액을 자유롭게 저축할 수 있고 가입기간은 1년부터 최대 3년까지다. 다음 해에 KB국민은행은 방탄소년단 데뷔일에 이자를 더 주는 BTS Ⅱ를 출시했고 BTS 체크카드도 선보였다.

· ESG

'Environment', 'Social', 'Governance'의 머리글자를 딴 단어로, 기업 활동에 있어 친환경, 사회적 책임 경영, 지배구조 개선 등 투명 경영을 고려해야 지속 가능한 발전을 할 수 있다는 철학을 제시한다. 현재 ESG는 개별 기업을 넘어 자본시장과 한 국가의 성패를 가를 중요한 키워드로 언급되고 있다.

❷ 신한은행

신한은행은 1982년에 창립하여 영업을 시작하였고, 1999년에 제주은행과 강원은행을 흡수합병하여 지방으로 영업을 확장하였다. 또한 2006년에는 조흥은행과 흡수합병하면서 조흥은행의 본점이 있었던 위치에 광교영업부를 운영, 조흥은행의 역사를 계승하고 있다. 신한은행은 앞에서 잠시 언급한 내용처럼 은행 창립 당시부터 지금에 이르기까지 참 다른 행보를 보인 것으로 유명하다. 또한 신한은행은 시중은행의 인력을 대거 스카우트하여 은행의 문화를 만들기도 했는데, 이 역시 기존의 은행에서는 볼 수 없던 문화이다.

이처럼 신한은행이 다양한 조직문화 경험을 지닌 전문가들로 시작되었다는 점이 고객과 시장 그리고 직원을 특별히 생각하는 조직의 근간이 되지 않았나 싶다. 신한은행은 '신한 WAY, 고객중심, 상호존중, 변화주도, 최고지향, 주인정신'을 핵심가치와 행동규범으로 정하고 있다. 이는 신한인이라면 따라야 할 생각 · 행동의 기준을 나타내는 가치체계를 말하는 것이며, 신한은행이 추구하는 가치를 만들어 가는 것을 의미한다.

또한, 신한은행은 일반은행 중에서 직원들의 업무 효율이 가장 높은 은행으로 알려져 있는데, 구직자들이라면 이것이 무엇을 의미하는지 굳이 설명하지 않아도 이해할 수 있을 것이다. 그렇다고 발전이 없다는 의미는 아니다. 신한은행은 직원에게 다양한 기회를 많이 제공하여 개개인의 성장에 많은 지지를 해주는 은행으로도 유명하다. '상호존중'은 무엇을 말하는 것일까? 자신이 주도적으로 하고자 하는 것이 있다면 은행에서 어떤 방법이든 지원을 하겠다는 메시지로 이해할 수 있다.

신한은행의 자산총액은 2019년 기준 392조 7,230억 원이며, 2020년 2분기 직원 수는 14,158명으로 공시되었는데, 타 은행들처럼 비대면 거래와 점포 통합을 추진하고 있어 직원의 수를 감축하려 한다고 보는 것이 타당할 것이다.

신한은행 또한 디지털 전환이라는 커다란 기류를 따르고 있으며, 전문인력을 적극적으로 영입하고 있다. 따라서 구직자들은 기존 은행의 업무들이 대부분 비대면화로 전환되고 있음을 인지해야 한다. 게다가 최근에는 포화상태에 이른 국내영업의 한계를 극복하기 위해, 동남아시아 등 해외점포 확대에 전념을 하고 있다는 것도 알고 있어야 한다. 현재 신한은행은 20개국 163개의 네트워크를 운영하고 있으며, 이 중 현지법인이 11개, 법인지점이 145개, 단독법인이 3개이다.

신한은행은 개인금융의 경우 신개념 상품들의 출시를 통해 고객들에게 혜택을 줄 수 있는 차별화된 상품이 눈에 들어온다는 평이 많으며, 기업금융의 경우 조흥은행 시절의 주 고객이었던 법원 및 검찰청 거래를 이어가고 있는데, 이를 통해 다양한 형태의 수익성을 만들어 낼 수 있는 것으로 알려져 있다. 이뿐만이 아니다. 주요 국공립 대학에서도 신한은행과 거래하는 곳이 상당수다. 실제로 신한은행은 인천광역시의 1금고이자 경기도의 제2금고를 가장 많이 유치하였으며 2018년 중반, 우리은행이 독점하던 서울특별시 제1금고 주거래를 2022년까지 유치하는 데 성공했다.

외환의 경우 국내의 어떤 은행보다도 경험이 많은데다, 우대 환율을 적극적으로 제시하므로 신한은행의 고객이면 누구나 제일 저렴한 수수료를 통해 거래를 할 수 있다는 장점이 있다. 특히 선진금융기법을 도입하여 신규 금융상품을 통해 고객들의 다양한 니즈를 반영, 고객의 충성도를 높이는 데 기여를 했는데, 대표적인 사례로는 금에 대한 상품을 통한 실질 자산 증식이 있다. 또한, 치솟는 금값에 골드뱅킹 거래 부담이 있는 고객을 위한 실버뱅킹 상품을 출시하여 시장에 실버바 현물 거래까지 가능하게 하였다.

신한은행은 21세기를 맞이하여 새로운 행보를 보이고 있다. '같이 성장'을 통해 고객중심 영업문화의 첫 발을 내디뎠고, 디지로그 브랜치와 디지털 영업부를 필두로 본격적인 융복합 채널 혁신을 시작했다. 거기다 대외적으로 사회적 환경문제에 공감하며 국내 시중은행 최초로 적도 원칙에 가입한 은행이기도 하다. 특히 변화를 주도하는 과정에서 현장과의 소통이 부족하여 다양한 문제가 유발됐다는 것을 반성하고 이를 개선하기 위해 꾸준히 노력하고 있다.

2021년은 금융소비자보호법의 시행과 언택트 환경에서의 소통이 정착됨에 따라 MZ세대의 소비문화에 민감하게 대응하는 것이 중요하다. 금융산업 역시 선택의 주도권이 공급자에서 소비자로 이동하는 지금, 결코 소비자의 요구를 간과해서는 안 된다는 입장이 반영된 것으로 볼 수 있다.

기존 방식과 기준에 갇혀 있다면 기업 또한 변화에 휩쓸려 방향을 잃게 될 것이다. 시대의 조류를 통찰하고 흐름에 앞서 가기 위해 지금 당장 서둘러야 하는 것은 디지털로의 전환이다. 이에 조직의 명운이 달려있다고 해도 과언은 아닌 것이다.

신한은행은 전방위적인 디지털 전환을 추진하기 위해 은행장 직속 '디지털 혁신단'을 신설하여 데이터와 AI 역량개발에 자원을 집중하고 있다. 인재 영입의 문턱도 더 낮추어 미래 역량 육성 계획도 단계적으로 실행하고 있는 중이다. 첨단 기술을 활용하는 수준을 넘어 디지털에 최적화된 제도와 문화를 만들고, 신한금융그룹의 개방형 디지털 생태계 구축에 힘쓰고 있다. 이를 통해 '신한'이라는 브랜드가 온·오프라인을 아울러 시장을 압도하는 플랫폼이 될 수 있도록 과감한 도전을 이어나가겠다는 의지를 표명하고 있다.

• 조흥은행

1897년 2월 한성은행으로 출범한 한국 최초의 민간 상업은행이다. 1943년 10월 한성은행과 동일은행이 합병하여 조흥은행으로 상호를 변경했고 1956년 증권거래소에 상장했다. 2006년 4월 1일 옛 신한은행과 통합하여 현 신한은행으로 다시 출범하였다.

• 골드뱅킹

고객들이 은행을 통해 금에 투자하는 방식 중의 하나이다. 본인 계좌에 예금을 넣어 놓으면 국제 금 시세에 따라 잔액이 자동으로 움직이는데, 은행이 고객 예금으로 직접 금을 사들이진 않는 대신 같은 금액을 외국 은행이 개설한 금 통장 계좌에 달러로 예치한다. 투자자는 원화를 예금하지만 잔액은 국제 금 시세와 환율에 연동돼 바뀌는 셈이다(단 2,000온스, 대략 30억 원 이상을 사들일 때는 은행이 금 실물을 사서 보관하도록 권장된다).

통장에 돈을 입금하면 국제 금 시세와 환율을 고려해 금액만큼 금을 계좌에 넣어준다. 골드뱅킹의 금 가격은 국제 시세를 추종하고, 원·달러 환율을 반영하기 때문에 환율에 따라 가격이 변동한다. 금 통장은 소액 투자가 가능하고 원할 때 언제든 환매할 수 있다. 수수료도 2% 안팎으로 골드바를 사는 것보다 저렴하다.

• 디지로그 브랜치

신한은행의 영업점 채널 혁신에 따른 신설 조직 명칭. 디지털 영업부가 비대면을 채널유형으로 삼은 반면 디지로그 브랜치는 대면을 채널유형으로 삼고 '찾아가는 서비스'를 표방하며 모든 업무를 현장에서 처리하는 역할을 하고 있다. 유망고객, 내점이 어려운 기업고객을 대상으로 하고 있다. 특징은 비대면고객관리, 서류업무 등 후선 업무의 100% 디지털화로 인한 효율 극대화 등이다.

· 적도 원칙(Equator Principles)

댐·도로 등 환경 훼손이나 해당 지역 인권침해와 같은 환경 및 사회문제를 야기시킬 수 있는 국제적인 대규모 개발사업 프로젝트에는 자금지원을 하지 않는다는 원칙. 프로젝트가 주로 열대우림 지역의 개발도상국가에서 시행되는 경우가 많아 '적도 원칙'이라는 명칭이 붙여졌다.

2003년 6월 미국 워싱턴에서 ABN AMRO, 씨티그룹 등 10개 은행이 서명하면서 선포된 이 원칙은 국제금융공사(IFC; International Finance Corporation)가 수립한 환경 및 사회적 정책 기준을 바탕으로 한다. 5,000만 달러 이상의 자금이 투입된 사업을 대상으로 했으나, 이후 1,000만 달러로 기준을 낮추었다. 현재 세계 60여 개 금융기관이 적도 원칙에 참여하고 있으며, 이들 업체들이 세계 프로젝트 금융시장의 70~80%를 차지하는 것으로 알려져 있다.

· 금융소비자보호법

금융상품에 대해 정보제공부터 사후관리까지 투자사의 의무를 정함으로써 소비자의 권익을 보호하기 위한 법. 2011년 도입이 추진된 지 10여 년 만인 2021년 3월 16일 통과, 「금융소비자보호법(이하 「금소법」)」이 3월 25일부터 시행되었다.

금융위원회는 오랜 숙원이었던 「금소법」의 시행으로 소비자 권리가 한층 강화되고 2~3년간 금융권에 이어졌던 불완전판매 문제도 대폭 줄어들 것으로 기대하는 반면, 금융회사들은 「금소법」의 규제와 처벌이 높은 탓에 영업이 위축될 것으로 우려하고 있다. 금융회사의 경우 소비자 보호를 위한 내부통제 기준과 조직을 둬야 하는 등 각종 의무가 강화됐고, 법 위반 시 처벌 수위도 높아졌다.

금융위는 「금소법」을 '소비자 권익을 넓히고 보호의 실효성을 높이기 위한 새로운 제도'라고 말하는데, 이는 일부 투자상품에만 적용되던 '6대 판매 규제'를 모든 금융상품에 의무화했기 때문이다(6대 판매 규제란 상품 판매 시 적합성·적정성 원칙, 설명 의무, 불공정 행위·부당 권유·과장광고 금지 등의 원칙을 의미한다). 금융회사는 6대 규제를 어기면 관련 수입의 최대 50%를 '징벌적 과징금'으로 내야 한다.

기존에 투자자문 상품과 보험에만 적용되던 소비자의 '청약철회권'이 모든 금융상품에 동일하게 적용되는 것도 특징인데, 대출은 가입 14일 이내, 보장성 상품(보험)은 15일, 투자성 상품은 9일 이내에 이 권리를 행사해야 한다.

· MZ세대

1980년대 초~2000년대 초 출생한 밀레니얼 세대와 1990년대 중반~2000년대 초반 출생한 세대를 이르는 말. 디지털 환경에 익숙하고, 최신 트렌드와 동시에 남과 다른 이색적인 경험을 추구하는 것이 특징이다.

❸ 하나은행

비전 · 신뢰받고 앞서가는 글로벌 금융그룹(The Trusted Premier Global Financial Group)

하나은행은 최근 슬로건을 설립 초기의 슬로건인 '손님의 기쁨, 그 하나를 위하여'로 재선정하였다. 최초의 슬로건으로 돌아간 이유는 과연 무엇일까? 이는 하나은행의 가치를 다시 정리하기 위함이라고 생각한다. 하나은행에서는 하나인의 필수 덕목으로 강조하는 것이 있는데 바로 'Integrity(정직과 성실)'이다. 이를 바탕으로 '열정, 열린 마음, 손님우선, 전문성, 존중과 배려'라는 가치를 실현하려고 노력한다.

1971년 순수 민간자본으로 설립된 한국개발금융은 '한국투자금융'이라는 단기금융회사를 설립하여 서울 중구 남대문로1가 조흥은행 본점빌딩 12층에 본사를 두고 영업을 개시했다. 1972년에는 본점을 남대문로 KAL빌딩 20층으로 옮기고, 1980년 1월에 경방으로부터 태평증권을 인수하면서 같은 해 3월 영업 업무 온라인화를 단행했다. 1984년에는 국내 최초로 기업고객 전담제(AM)를, 1984년에는 CMA를 최초로 발매한 뒤, 1988년 수신잔고 1조 원을 돌파했으며, 1991년에는 재무부 인가를 받아 은행으로 업그레이드되며 대출만을 전문으로 하는 장기신용은행이라는 딱지를 벗게 되었다.

최초 법인은 단자회사로 시작했지만 이후 성격이 완전히 다른 은행으로 성장했다. 은행으로 전환되면서 지점 수가 그리 많지 않았음에도, 1992년 신용카드 업무개시와 1993년 국내 최초 로이어 클럽이나 닥터 클럽처럼 전문가 클럽상품을 통해 당해 7월에 『유로 머니』지로부터 '한국최초 은행'으로 선정되었고, 10월 은행권 최초로 '비밀보장서비스제도'를 실시해 기반을 튼튼히 했다. 해외점포도 1994년 영국령인 홍콩에 처음으로 해외 사무소를 개설하여 창립 3년 만에 총수신 10조 원을 돌파하는 신기록을 세웠다. 1995년에는 은행권 최초로 PB 상품을 냈으며, 하나파이낸스를 세우면서 사세를 확장하였다.

1998~2002년에는 충청은행, 보람은행, 서울은행을 차례로 합병하며 지금의 빅4 은행이 되기 위한 초석을 다졌다. 특히나 프라이빗 뱅킹을 주력으로 개인고객들과 많이 거래를 했었던 것이 성장의 주요한 발판이었다. 거기에 기업금융에 있어 강점을 보인 서울은행의 경험이 더해지면서 기업부문의 역량을 강화하고 시너지를 발휘할 수 있었다. 그 후 2005년과 2015년 대한투자증권과 외환은행을 인수하며 국내 자본규모 1위 은행이 되었다.

이처럼 하나은행의 역사는 순탄하지 않았다. 필자 또한 하나은행에서 근무한 이력이 있는데, 직접 경험한 하나은행은 내부·외부의 고객에게 있어 디테일을 강조하는 곳이었다. 퇴사한 지금도 머리 속에 자율, 자주, 진취라는 키워드가 생생하게 남아 있다.

고객을 대하는 하나은행의 서비스 또한 다른 은행과는 달랐다. 품격을 유지하고 손님의 마음을 헤아리려는 세심함이 타행과 다른 차이점이었다. 또한 하나은행은 디지털 금융과 글로벌화를 위해 투자를 아끼지 않고 있다. 직원들의 직무 역량과 디지털 금융의 새로운 패러다임에 적극적으로 대응하기 위해 내부 직원들에게 지속적인 투자를 이어가고 있다.

2020년 하반기 채용에서 눈여겨봐야 하는 점은 글로벌포지션의 채용이 늘었다는 것과 직렬별 필기시험이 부활했다는 사실이다. 대부분의 금융권 기업은 2008년 이후로 필기시험을 폐지하는 경향을 보였으나 최근 다시 시행하고 있다. 이러한 흐름에 맞추듯 하나은행도 필기시험을 진행하였는데 직무적합성을 심도 있게 평가하기 위한 경제지식과, 비즈니스 상식, 기술 영역의 난이도가 조금 까다롭게 출제되었다는 평이다.

 금융권 기업 중에서도 은행은 많은 면접 유형을 진행하는 것으로 유명하다. 그 이유는 아마도 원하는 인재의 가치가 다른 산업과는 크게 차이가 나기 때문일 것이다. 하나은행 또한 과거 게임 면접을 진행한 사례가 있을 정도로 다양한 면접전형을 진행해 왔다. 면접전형에서는 미션 수행을 통해 전체협력을 이루는 과정을 평가하며, 최근에는 협상면접으로 실제 업무에서 적용할 수 있는 상황을 통해 직무 능력까지 확인하고자 한다. 최고의 인재와 함께 슬로건에 맞는 금융파트너로서 고객만족 추구에 가장 앞장서겠다는 의지가 아닐까 싶다.

 취업을 준비하는 구직자라면 하나은행이 지금의 자리에 오기까지 겪은 다양한 히스토리에 대하여 숙지하여야 하며, 최근 디지털로 전환하고 있는 추세와 글로벌 비즈니스 확장에 대한 내용까지도 명확하게 인지해야 한다. 하나은행은 경쟁환경의 변화와 금융시장의 융·복합화에 대응하기 위해 IT 기술의 발전 및 고객 니즈의 변화, 규제완화라는 변화의 동력으로 글로벌 종합금융으로의 전환과 전문특화금융 기업이라는 경쟁력을 지니는 것은 물론, 지역특화진행에 따른 전문성을 통한 시너지를 바탕으로 네트워크를 실현하려하고 있다.

하나은행은 현재 단순한 유니버셜 뱅킹(Universal Banking)에서 벗어나 금융산업 내 영역 간 역량의 상호 흡수 방식을 통해 역량을 강화하고 있으며, 어슈어뱅킹, 내로뱅킹 등을 통해 보험, 증권, 비금융권의 업무를 은행의 영역으로 진출 가능하게 했다. 또한, 소형금융사의 퇴출, 인수, 합병의 가능성을 열어두고 밀착하여 경쟁력을 강화하고자 하는 노력을 지속적으로 이어나가고 있으며, 시너지 창출 방식 중 은행, 증권, 보험, 캐피탈, 자산운용 등을 포함하는 그룹 내 비즈니스 라인을 적극 활용하고 있다. 이처럼 하나은행은 팬데믹 이후 찾아올 세상의 변화에 대한 적극적인 대응을 위하여 채널과 상품서비스에 있어 '디테일'을 더하고 있다.

· CMA(Cash Management Account)

본래는 종합금융회사가 고객으로부터 예탁 받은 금전을 어음 및 채무증서 등에 운용하고, 그 수익을 고객에게 지급하는 수시입출금이 가능한 금융상품을 지칭하는 용어로, 주로 종금사에서 사용하고 있었다. 하지만 증권회사에서도 고객의 유휴현금을 자동으로 MMF, RP 등에 투자함과 동시에 수시입출금이 가능한 금융서비스에 CMA라는 명칭을 사용하기 시작하였고, 현재는 예금자보호가 되는 종금사형 CMA와 예금자보호가 되지 않는 증권사형 CMA가 명칭 구분없이 혼용하여 사용되고 있다.

현재 증권회사의 CMA는 CMA 약정 계좌 내 예치자금을 MMF, RP 등의 금융자산에 자동으로 투자(매수)하고 고객의 현금인출 요구 시 자동으로 매도하며, 연계된 은행계좌 또는 소액지급결제시스템에 참가한 증권회사의 고객계좌를 통해 급여이체, 인터넷뱅킹, 결제대금 자동납부, 자동화기기를 통한 입출금 등 각종 금융서비스를 제공하는 증권종합계좌서비스를 칭한다.

· 장기신용은행

단기금융 전문기관인 일반은행과 구별되며, 예금의 수입에 갈음하여 장기신용채권을 발행하고 시설자금 및 장기운전자금의 대출을 주된 업무로 영위하는 자라고 규정하고 있다(「장기신용은행법」 2조). 일반은행의 장기금융 부담을 경감하고 장·단기 금융의 분야 조정을 목적으로 한 금융기관으로, 자금원으로서 자기자본의 20배에 상당하는 금액을 한도로 채권을 발행할 수 있다는 특징이 있다. 하지만 2007년 「장기신용은행법」이 폐지되면서 사라졌다.

· 어슈어뱅킹(Assure Banking)

방카슈랑스의 상대적인 개념으로 보험회사가 은행업을 겸하는 것

· 내로뱅킹(Narrow Banking)

기존 은행의 주요 기능 중 지급결제 기능만 전담하는 것

❹ 우리은행

비전 · 오늘의 혁신으로 내일의 가치를 만드는 은행

'전사적 디지털 전환으로 미래 금융시장 대응'이라는 문장을 통해, 우리은행 역시 시대의 변화에 적극적으로 대응하고자 하는 것을 알 수 있다. 우리은행은 나아갈 방향을 '디지털 퍼스트(Digital First), 디지털 이니셔티브(Digital Initiative)'로 정하고, 전사적 '디지털 트랜스포메이션(Digital Transformation)'을 통해 미래 디지털 금융시장에 대응하겠다는 뜻을 밝혔다. 이는 우리은행이 고객을 중심으로 기술적 결합을 통해 새로운 디지털 금융시장을 실현하겠다는 것을 의미한다고 볼 수 있다.

빠르게 디지털 전환을 시작한 70%의 기업이 실패를 맛보았는데, 이들의 실패에서 고객에 대한 고민 없이 기술 도입에만 치중했다는 문제점이 있었다는 것을 발견했다고 한다. 그렇기 때문에 우리은행은 디지털 혁신이 철저하게 고객의 관점에서, 고객을 중심으로 진행해야 타행과의 차별화가 가능하다고 설명한다.

또한 우리은행은 '지점이 곧 은행'이라는 인식이 변하고 있다는 것을 강조한다. 우리은행 권광석 은행장은 2021년 신년사에서 "내점 고객은 갈수록 줄어들고 디지털로 은행 업무를 보는 비대면 고객이 점점 더 늘어나고 있어, 디지털 혁신과 발 맞춰 이제는 우리의 채널 전략도 함께 변해야 한다."고 이야기했다.

금융권 취업준비생들은 최근에 '진성 영업 및 정도 영업'을 강조하는 문화가 자리 잡고 있는 것을 눈여겨봐야 한다. 이를 통해 허수영업으로 실적 부풀리기가 암묵적으로 이루어진 과거와 달리, 최근 기업들은 실속 없는 껍데기 영업은 조직의 미래에 아무런 이점이 없음을 강조하며, 전문성과 진성 영업에 대한 준비된 전문 인재를 성장시키고 있는 것을 알 수 있다.

우리은행은 한국금융의 태동과 함께한 은행이다. 1899년 구한말에 창립되었으며, '대한민국 첫 은행'이라는 캐치프레이즈를 내세우고 있다. 우리나라 민족은행 최초의 근대식 은행 건물인 광통관을 1909년 신축하였으며, 이는 2021년 현재까지 우리은행 지점으로 쓰이고 있다. 1982년에는 국내 최초로 현금지급기를 점외에 설치하여 금융서비스의 새로운 평을 열었다고 할 수 있다.

이처럼 우리은행은 우리나라의 경제발전과 함께해 온 든든한 동반자로서의 역할을 1950년대부터 IMF 전까지 함께했다. 1999년에는 상업은행과 한일은행 합병을 통해 한빛은행으로 출범하였으며, 2001년에는 우리금융그룹이 출범, 그 후 2002년 우리은행으로 사명을 변경하여 지금까지 그 맥을 이어오고 있다. 2004년 남북 분단 후 개성에 은행권 최초로 개성공단지점 개점을 하였으며, 2016년에는 민영화에 성공하여 지금의 우리은행이 되었다.

2016년에는 은행업 예비 인가를 받은 케이뱅크의 대주주로 참여하였다. 케이뱅크는 KT가 주도하는 인터넷 전문은행이지만 금산분리법에 의해 금융기관인 우리은행으로부터 투자를 받았고, 그 결과 우리은행이 대주주가 되었다. 이 영향으로 우리은행이 운영하는 모바일 은행 어플인 위비뱅크의 시스템이 케이뱅크에 많이 적용되었다.

한편 우리은행은 통합 점포로의 전환을 진행하고 있다. 이는 VG(Value Group) 840여 개의 점포를 상위 117개 선정하여 인근 5~6개 점포의 거점 역할을 하는 것을 말한다. 자칫 기존 고객의 입장에서 불편함이 될 수 있는 통합 점포를 진행하는 이유는 기존 고객의 패턴에 많은 변화가 있었기 때문으로 추측되며, 앞으로 서비스 개선이 어떻게 진행되는가에 따라 점포의 형태가 변화가 있을 것으로 보인다.

우리은행은 채용 과정에서 구직자들에 차별을 두지 않는 은행으로 유명하다. 때문에 많은 구직자들이 눈여겨보고, 또 입행을 준비하고 있다. 이처럼 자체 브랜드 가치를 높이기 위한 특별한 노력 없이도 우리은행의 가치를 높이는 역할을 해주고 있는 많은 구직자들을 위해 더 많은 채용의 기회를 주었으면 한다.

• 금산분리법

금융자본과 산업자본을 분리시키기 위한 법률. 대한민국에서는 실질적으로 산업자본의 금융자본 소유를 허가하되, 은행자본에 대해서는 소유를 금하고 있으므로 은산(銀産)분리라고 할 수 있다. 「금산분리법」은 크게 「공정거래법」, 「은행법」, 「금융지주회사법」에 분산되어 있으며, 금융자본과 산업자본 상호 간의 지분 소유를 금하고 있다.

5 / 인터넷 전문은행

2015년 6월 18일 금융위원회는 인터넷 전문은행 도입방안 발표를 통해 본격적으로 인가를 위한 작업에 시동을 걸었다. 같은 해 9월 30일부터 예비 인가 신청접수를 받기 시작해 카카오뱅크, 케이뱅크, 아이뱅크가 신청서를 접수했으며, 심사를 통해 아이뱅크를 제외한 카카오뱅크와 케이뱅크 두 곳이 외부평가위원회의 예비 인가 권고 및 금융위원회의 예비 인가 결정을 얻었다.

정부는 인터넷 전문은행을 토대로 새로운 시도가 많이 일어날 수 있도록 신규 사업에 있어 **금산분리**를 엄격하게 적용하는 대신 은행지분 보유 규제를 일부 완화하고, 금융시장의 새바람을 일으키고자 했다. 이를 위해 2019년 토스뱅크의 예비 인가를 승인하였으며, 토스뱅크의 경우 2021년 7월 중에 영업을 시작할 것으로 보인다.

경쟁력을 기준으로 본다면, 인터넷 전문은행의 경우 무엇보다 기존 MZ세대들을 위한 접근성이 뛰어나다는 점에서 미래의 시장성이 좋을 것임을 판단할 수 있다. 이는 카카오뱅크와 케이뱅크의 성공적인 영업을 통해서도 확인할 수 있다. 또한 24시간 영업이 가능하다는 점은 무엇보다 큰 장점이다. 최근에는 데이터3법의 통과로 다양한 형태의 비즈니스 접근이 가능한 빅 테크 기업들도 새롭게 금융업에 접근할 수 있다는 의견들이 나오고 있다.

인터넷 전문은행은 테크 기업의 기존 서비스망을 활용한다면 다양한 형태로 수익사업을 할 수 있다는 강점이 있다. 그래서 최근 앞다투어 새로운 서비스를 제공하여 고객의 만족도를 높이고 있고, 기존 은행은 케이뱅크, 카카오뱅크의 약진을 통해 금융시장의 새로운 변화를 경험하고 있다.

팬데믹 상황은 기존의 시중은행을 포함한 상당수의 기업에 부정적인 영향을 끼친 반면, 인터넷 전문은행의 입장에서는 새로운 도약을 시도할 수 있는 기회였다. 따라서 상품군 확대 등 양적 측면에서 뿐만 아니라 관계사 협업 등을 통해서도 시너지를 창출하여야 하며, 핀테크의 활용을 통한 신규 사업 모델의 발전 정도에 따라 기존의 인터넷 전문은행의 우열이 나눠질 것이다.

최근 카카오뱅크는 관계사와의 협업은 물론, 기존 은행들과의 적극적인 제휴를 통해 상품 간의 연계를 강화하여 고객 유입을 촉진하고 있으며, 케이뱅크의 경우에도 비씨카드의 빅데이터 관련 역량 및 고객기반의 서비스를 적극적 활용할 것이라 예상된다. 이후에는 인공지능(AI)를 적용한 수신상품을 출시하여 기존 고객의 잔고와 입출금 패턴을 알고리즘으로 분석하고, 고객에게 가장 적합한 상품을 추천하는 서비스를 제공할 것이다.

· 금산분리

은산분리와 유사한 용어로, 금융자본인 은행과 산업자본인 기업 간의 결합을 제한하는 것을 말한다. 금융 특성상 자기자본 비율이 낮고 대부분 고객, 채권자의 자금으로 영업한다는 점을 감안, 기업들이 은행을 소유할 수 없도록 법으로 규정한 것이다. 즉, 대기업과 같은 산업자본이 자기자본이 아닌 고객의 예금으로 금융산업을 지배하는 것을 막고자 하는 것을 의미한다.

금산분리를 주장하는 입장에서는 산업자본이 금융자본을 지배하게 될 경우, 은행 돈을 보다 쉽게 쓸 수 있어 무분별한 투자와 사업 확장을 하기 쉬워진다는 점을 꼽는다. 이 경우 다른 기업들과의 자본 조달에 있어서 차별이 생길 수 있고, 투자자금이 부실화된다면 은행에 돈을 예금한 예금주들에게 큰 피해를 주게 된다는 것을 골자로 한다.

하지만 산업자본의 금융 참여 제한은 결국 외국계자본의 국내 금융 산업 지배 현상을 심화시켰고, 이를 막기 위해 금산분리를 완화해서 국내자본으로 우리 은행을 방어해야 한다는 주장 역시 나오고 있다.

· 데이터3법

「개인정보보호법」·「정보통신망법(「정보통신망 이용촉진 및 정보보호 등에 관한 법률」)」·「신용정보법(「신용 정보의 이용 및 보호에 관한 법률」)」 개정안을 일컫는 말. 빅데이터 3법, 데이터경제 3법이라고도 부른다.

「개인정보보호에 관한 법」이 소관 부처별로 나뉘어 있기 때문에 생긴 불필요한 중복 규제를 없애 4차 산업혁명의 도래에 맞춰 개인과 기업이 정보를 활용할 수 있는 폭을 넓히기 위해 마련된 것으로, 2018년 11월 국회에 발의 후 1년 넘게 계류되다 2020년 1월 9일 열린 본회의에서 통과됐으며, 그해 8월 5일부터 시행에 들어갔다.

추가 정보의 결합 없이는 개인을 식별할 수 없도록 안전하게 처리된 가명정보의 개념을 도입하는 것이 핵심으로, 가명정보로 개인정보를 활용해 새로운 서비스나 기술, 제품 등을 개발할 수 있어 기업들이 신사업을 전개할 수 있다.

· 핀테크(Fintech)

금융(Finance)과 기술(Technology)의 합성어로, 금융과 IT의 융합을 통한 금융서비스 및 산업의 변화를 일컫는다. 모바일, SNS, 빅데이터 등 새로운 IT 기술 등을 활용, 기존 금융기법과 차별화된 금융서비스를 제공하는 기술기반 금융서비스 혁신이 대표적이며 최근에는 모바일뱅킹과 앱카드 등이 언급된다. 이후 혁신적 비금융기업이 보유 기술을 활용하여 지급결제와 같은 금융서비스를 이용자에게 직접 제공하는 현상이 나타났는데 애플페이, 알리페이 등을 예로 들 수 있다.

영국의 경우, 기술기반 금융서비스 혁신을 '전통 핀테크(Traditional Fintech)'로, 혁신적 비금융기업의 금융서비스 직접 제공을 '신생 핀테크(Emergent Fintech)'로 구분한다.

· 테크핀(Techfin)

중국 알리바바의 마윈 회장이 고안한 개념으로, IT 기술을 기반으로 새로운 금융 서비스를 제공하는 것을 뜻한다. 금융(Fin) + 기술(Tech)의 합성어인 핀테크(Fin Tech)를 앞뒤만 바꾼 용어로, 핀테크가 금융회사가 주도하는 기술에 의한 금융서비스를 이른다면, 테크핀은 정보기술(IT)업체가 주도하는 기술에 금융을 접목한 개념이다. 즉, 기술 기반으로 설립된 회사가 선보이는 금융 서비스를 일컫는 것으로 알리바바의 '앤트파이낸셜', 카카오의 '카카오뱅크'가 대표적이다.

❶ 케이뱅크(K bank)

"당신이 찾은 이곳, 합리적인 사람들이 선택한 케이뱅크"

케이뱅크는 대한민국 인터넷 전문은행 1호이다. 이는 고객의 입장에서 24시간 영업을 하는 최초의 1금융권 은행이라는 점에서 상징적인 의미를 지닌다. 주요 주주로는 BC카드, 우리은행, NH투자증권, 한화생명, DBG캐피탈, IMM이 있으며 2017년 2월 2일에 은행연합회의 정회원으로 등록되었고, 같은 해인 4월 27일부터 본격적인 영업을 시작하였다.

기존 은행과의 가장 큰 차이는 전국 GS25를 포함한 모든 은행 ATM에서 입출금 및 이체 수수료가 무료라는 점이다. 단, 케이뱅크를 이용하는 고객의 경우 계좌개설 시 무조건 한국통신사의 유심이 탑재된 스마트폰만을 사용할 수 있으며, 해외통신사의 유심에서는 이용할 수 없다는 불편함이 있다.

개설된 케이뱅크 계좌는 PC로도 이용이 가능하며, 계좌 개설, 체크카드 발급 신청 등을 비대면으로 진행할 수 있다. 신분증을 촬영하고, 본인 인증 절차를 거치면 바로 케이뱅크 상품을 활용할 수 있다. 그러나 카카오뱅크와 달리 만 19세 미만은 서비스를 이용할 수 없어서 청소년층 유입이 어렵다는 단점이 있다.

케이뱅크의 주요 서비스는 개인 예금, 출금, 해외송금, 여신, 체크카드 업무 진행과 기업을 상대로 하는 여신상품 등이다. 수신 상품의 경우에는 지점이 하나도 없음에도 SC제일은행 등 지점이 적은 은행들이 내놓은 고이율 상품들과 비교하면 비슷하거나, 조금밖에 높지 않아서 경쟁력이 있어 보이지 않는다는 의견이 많다.

5천만 원 이하를 예금한 경우에는 저축은행 비대면 상품과 비교했을 때 별다른 경쟁력이 없으나, 기존의 1금융권 은행에서는 찾아볼 수 없는 24시간 콜센터를 운영하고 있다는 차별점이 있다. 이를 통해 금융 상품 문의나 본인의 포인트 또는 대출 상환 현황 같은 단순 문의를 밤이나 주말에도 문의할 수 있는 점이 상당히 편하다는 후기가 많다. 즉, 이러한 편의성이 기존 시중 은행과의 대표적인 차이점이라고 볼 수 있다.

❷ 카카오뱅크

"일상에서 더 쉽게, 더 자주 이용하는 나만의 은행"

카카오뱅크는 자산 총액 22조 7,241억 원으로 영업을 시작하였고, 3년 동안 매년 꾸준히 수익을 내고 있다는 것만으로 주목할 만한 가치가 있는 기업이다. 최근 대규모로 직원을 충원하고 있는데, 디지털 역량을 지닌 전문가를 꾸준히 선발하여 인력운용에 있어 차별화를 두기 위한 것으로 풀이된다. 카카오뱅크는 시중은행들 또한 비대면 서비스 확대를 통해 기존의 비즈니스 틀을 전향함에 따라 경쟁자들이 증가하고 있는 것을 인지하고 이에 대응하기 위해 노력하고 있다.

카카오뱅크의 경우 케이뱅크에 이은 제2호 사업자로서 모든 서비스를 온라인 환경에서 제공하여 이익을 창출해 내는 구조로, 기존 은행과의 예대마진에서 우위를 점할 수 있다. 서비스 이용 절차를 간소화하고 그 사이를 고객의 니즈로 채울 수 있다는 강점을 가지고 있기 때문이다.

카카오뱅크의 대표 상품에는 자사 고유 캐릭터를 활용한 제휴 신용카드와 체크카드가 있다. 해당 서비스의 시작과 동시에 카드신규 고객이 단시간에 100만 명을 넘었는데, 이는 결과적으로 미래에도 꾸준한 거래가 유력시되는 고객이 확보되었다는 것을 의미한다고 볼 수 있다.

온라인 서비스를 주력으로 하는 카카오뱅크에게는 시스템상의 문제가 아닌, 디바이스에 따라 문제가 발생할 수 있다는 단점이 있다. 사용자의 디바이스에 따라 다양한 형태로 개선 요청이 발생할 것이고, 이에 대한 선제적 대응이 올바르게 이루어지지 않는다면 고객의 신뢰를 잃게 될 수도 있다. 그러나 지금까지 카카오뱅크와 같은 인터넷 전문은행에 대한 고객들의 피드백은 긍정적인 편이다.

고객들은 은행이 고객의 니즈를 세심하게 파악하고 충족시켰을 때 놀라는 경우가 많다. 세대를 모두 포함할 수 있는 상품을 출시한다면 크게 성공할 수 있는 확률은 기존 은행에 비해 높아질 것이다. 이는 인터넷 환경에 대한 이해도가 있는 사람이라면 굳이 말을 하지 않아도 알 것이며, 여러 기관을 통해 발표되고 있는 카카오뱅크의 실적을 통해서도 바로 확인할 수 있다.

6 / 외국은행 국내지점

해외기업이 우리나라에 들어오는 방식은 사무소(Office), 지사 또는 지점(Branch), 그리고 외국인투자법인(Company)까지 크게 세 가지가 있으며 각각의 차이는 규모와 영업행위 가능 여부 및 주요 직무 등이다. 은행, 증권사 등의 금융회사가 다른 나라에 진출하기 위해서는 까다로운 인허가 과정을 밟게 되며 규제 또한 만만치 않다.

이번 장에서 다루는 외국계 은행은 현재 우리나라에 외국인투자법인으로 들어와 있는 SC제일은행과 시티은행을 제외하고 지점형태로 들어와 영업하고 있는 곳을 말한다. 한국에 지점을 두고 진출해 있는 은행은 대부분 세계적인 은행들로, 자산규모가 상당히 크고 세계 곳곳에 지점을 두고 있다. 은행연합회에 준사원은행으로 등록되어 있는 36개 은행 중에는 미국계 6곳, 유럽계 8곳, 중국계 6곳, 일본계 4곳, 싱가포르계 3곳 그리고 호주와 인도계가 있다.

필자는 10년 이상 은행을 비롯해 증권사, 자산운용사 등의 외국계 금융기관을 고객사로 헤드헌팅 서비스를 제공하는 일을 했다. 그 당시 가장 뼈저리게 느꼈던 교훈 중 하나는 정보와 외국어의 중요성이었다. 지금은 우리나라의 금융기업들도 상당히 선진화가 진행되었고 좋은 복지 혜택과 함께 경력을 쌓을 수 있는 기회가 많아졌지만, 당시 필자는 처음으로 국내에서 영업활동을 하고 있는 외국계 은행들을 접하면서 업무환경이 이렇게 좋은 곳들이 있었음을 왜 진작 몰랐을까하는 후회와 답답함을 느꼈다. 이런 곳의 존재를 일찍 알았다면 진로 설정은 물론 대학시절 사회진출 준비에도 적지 않은 영향이 있었을 것이라는 생각이 들었기 때문이다.

물론 외국계 은행이라고 해서 복지 혜택과 업무환경이 무조건 뛰어난 것만은 아니며, 오히려 더 열악한 곳도 있다. 그럼에도 불구하고 외국계 은행에 관심을 가져야 하는 이유는 취업에 있어 알고 모르는 것이 전혀 다른 출발점을 만들어 주기 때문이다.

우리가 이름을 잘 알고 있는 기업들은 보통 개인을 상대하는 영업과 함께 다양한 미디어 매체에 마케팅을 시도하는 곳들이다. 때문에 기업과 국가기관을 중심으로 영업하는 외국계 은행은 들어볼 기회가 없다면 그 존재조차 모르고 지나치는 경우가 허다하다. 미국이나 유럽계 금융기관들은 일찍이 금융체계가 갖추어진 만큼 앞선 국내 진출과 더불어 다양한 분야에서 활발하게 영업 활동을 하고 있다.

그러나 가장 주목해야 할 국가는 중국이다. 최근 중국계 은행의 국내 진출 및 성장 속도는 매우 빠르다. 직원 수만을 보더라도 국내 진출 중국계 은행의 규모는 상당히 큰 편이며, 현재 세계에서 자산규모 1위인 중국공상은행(ICBC; Industrial and Commercial Bank of China)은 서울에 이어 부산에도 지점을 냈다.

외국계 은행은 우리나라에 지점의 형태로 진출해 있기 때문에 한 개의 지점이 본점의 축소판처럼 일하며, 주요 업무는 기업금융에 초점이 맞추어져 있다. 게다가 대부분의 경우 처음에 시작하는 직무로 계속 경력을 쌓게 되는 경우가 많아 국내은행의 경력 관리와 비교할 때 빠르게 전문성을 갖출 수 있다는 장점이 있다. 하지만 업무 범위가 비교적 제한적이고 좁아 각 은행마다의 특성을 잘 알아보고 이를 고려해서 지원해야 한다.

외국계 은행은 수시채용 방식으로 경력직을 채용하는데, 크게 전문성을 필요로 하지 않는 2~3년 차의 경력직은 적절한 인력을 찾지 못하면 신입 채용으로 대체하는 경우도 종종 있으니, 이런 기회를 찾아보는 것도 방법이 될 수 있다.

외국계 은행에서의 진로를 염두에 두고 있다면 무엇보다 정보력이 중요하다. 워낙 적은 인원을 수시로 채용하는 만큼 채용공고를 접하기가 쉽지 않으므로 입사를 희망하는 은행의 인사팀에 수시 채용을 위해 준비된 이력서를 미리 보내거나 피플앤잡 같은 외국계기업 전문 취업포털에서 구인공고를 찾아보아야 한다. 또는 잡포털에서 헤드헌팅 공고를 검색하여 금융회사 또는 외국계기업 채용을 주로 담당하는 전문 헤드헌팅 컨설턴트들을 찾아보고 이들에게 이력서를 보낸 후 연락하여 상담을 받아보는 것도 좋다.

외국계 은행에 지원하기 위해서는 무엇보다 능숙한 외국어 실력이 필요하다. 말하기도 중요하지만 업무에서 기본적으로 요구되는 능력은 문서에 대한 이해와 작성이며, 이에 따라 상당한 수준의 쓰기 능력을 요구하고 또 검증과정을 거치기도 한다. 특히 기업분석 보고서 작성 업무는 문서작성 업무의 강도가 높아 채용 시 외국어 구술 면접 외에도 쓰기 시험을 치르는데, 쓰기에 대한 훈련이 되어 있지 않으면 해외에서 학업을 마치고 입국한 유학생들이라 하더라도 떨어지는 경우가 허다하다.

외국계 은행 국내 지점

번호	국가	은행명	대표자
1	미국	제이피모건 체이스은행(JPMorgan Chase Bank, N.A.)	오종욱
2	일본	엠유에프지은행(MUFG Bank, Ltd)	후지모트 준
3	미국	뱅크오브아메리카(Bank of America National Association)	신진욱
4	일본	미즈호은행(Mizuho Bank, Ltd)	코로야스 토시로
5	프랑스	크레디트아그리꼴 코퍼레이트 앤 인베스트먼트 뱅크(CA CIB)	장 피에르 레노
6	프랑스	비엔피 파리바은행(BNP Paribas)	필립 누와로
7	네덜란드	아이엔지은행(ING Bank, NV)	현종훈
8	호주	호주뉴질랜드은행(Australia and New Zealand Banking Group)	크리스토퍼 폴 라시티
9	캐나다	노바스코샤은행(The Bank of Nova Scotia)	김환익
10	독일	도이치은행(Deutsche Bank AG)	박현남
11	프랑스	유바프은행(Union de Banques Arabes et Francaises)	올리비에 토퓨즈
12	싱가포르	디비에스은행(DBS Bank Ltd)	김길수
13	일본	미쓰이스미토모은행(Sumitomo Mitsui Banking Corp,)	료키 카즈히코
14	프랑스	소시에테제네랄은행(Societe Generale)	앤드류 김
15	싱가포르	대화은행(United Overseas Bank, Ltd)	동 조지 힝 인
16	일본	야마구찌은행 부산점(The Yamaguchi Bank, Ltd. Busan Branch)	츠하라 히로유키
17	파키스탄	파키스탄국립은행(National Bank of Pakistan)	임란 쉐자드
18	미국	뉴욕멜론은행(The Bank of New York Mellon)	박현주
19	영국	홍콩상하이은행(The HongKong and Shanghai Banking Crop,Ltd)	정은영
20	중국	중국은행(Bank of China)	황덕
21	필리핀	메트로은행(Metropolitan Bank and Trust Company)	이종원
22	스위스	크레디트스위스은행(Credit Suisse AG)	류태경
23	중국	중국공상은행(Industrial and Commercial Bank of China)	우건군
24	이란	멜라트은행(Bank Mellat)	마흐무드 사이디

25	미국	스테이트스트리트은행(State Street Bank and Trust Company)	임영규
26	중국	중국건설은행(China Construction Bank)	전민
27	미국	웰스파고은행(Wells Fargo Bank, N.A)	김지호
28	싱가포르	오버시차이니스은행(Oversea-Chinese Banking Coporation Ltd)	루이 컷 훙 마크
29	중국	교통은행(Bank of Communications Seoul Br.)	왕융칭
30	영국	모건스탠리은행(Morgan Stanley Bank International Limited)	김수훈
31	독일	바덴뷔르템베르크 주립은행(Landesbank Baden-Wurttenberg)	이성구
32	중국	중국농업은행주식유한회사(Agricultural Bank of China)	구택파
33	인도	스테이트뱅크오브인디아(State Bank of India)	로케시 찬드라
34	중국	중국광대은행주식유한회사(China Everbright Bank Co. Ltd)	송용
35	인도네시아	인도네시아느가라은행(Bank Negara Indonesia)	완 안디 아랴디
36	미국	노던트러스트은행(The Northhern Trust Company)	변재영

*출처 : 은행연합회

• 외국인투자법인(외투법인)

외국인이 사업을 목적으로 국내에 진출하는 방법은 외국인(개인 또는 법인)이 현지법인을 설립하여 국내에 진출하는 방법과 외국법인이 국내에 지점이나 연락사무소를 설치하는 방법으로 구분된다.

외국인의 국내사업 진출방법

구분	진출형태	적용법	비고
1	현지법인	외국인 투자촉진법	외국인직접투자로 인정
2	지점	외국환거래법	외국법인의 국내지사로 분류
3	연락사무소		

여기서 외투법인이라 하면 통상적으로 현지법인으로 진출해 있는 형태를 의미한다. 한국에 들어와 있는 외국 은행 중에는 씨티은행과 SC은행이 외투법인의 형태를 갖추고 있다.

7 / 은행 주요 직무

은행의 업무는 최근 문서의 디지털화로 인하여 대부분의 현장에서 프로세스화 되었음을 확인할 수 있다. 업무에서 사용되는 종이가 감소된 일은 업무 공간의 환경개선에도 주요한 역할을 했다. 문서를 디지털화하는 은행들의 경우 본부 부서에서 해당 직무만을 수행하는 부서를 운영 중인데, 이런 직무의 경우 지점과의 커뮤니케이션을 통해 업무에 있어 규정과 교육까지 진행하는 것이 주요 업무이다.

이렇듯이 전통적인 업무에서 디지털 전환을 위한 기획, 운영을 전담하는 부서들이 새롭게 만들어지고 있다. 예를 들어 최근에는 모든 은행에는 '디지털전략부'라는 부서가 있는데, 이는 취준생들에게 새로운 시도를 하고자 하는 열정과 도전정신이 있으면, 은행에서도 전통적인 업무뿐만 아니라 새로운 경력을 쌓을 수 있고 미래 금융의 목표를 이룰 수 있다는 것을 의미한다. 적극성이 있으면 누구라도 미래조직 모델을 통해 성장할 수 있게 되었다.

세기의 분기점은 바로 지금 우리들이 겪고 있는 환경이 아닐까 싶을 정도로, 4차 산업혁명과 코로나19 팬데믹을 통해 사회 전반적으로 디지털 환경으로의 변화 속도가 10배는 빨라진 듯하다. 금융 산업 역시 변화의 직격탄을 맞았다고 할 수 있는데, 매년 은행의 직원 수가 적게는 백 명에서 많게는 천여 명까지 줄고 있는 것이 현실이다.

실제로 2021년 2월을 기준으로 전년대비 2만 명이 넘는 근무 인력이 감축되었는데, 이는 은행에 있어서 전통적인 직무의 중요도가 차지하는 비율이 줄어들었다는 뜻이다. 이러한 직무가 바로 없어지지는 않겠지만, 차츰 업무가 디지털화되어 데이터와 시스템 중심으로 해당 직무가 대체되고 있는 흐름은 부정할 수 없다. 이런 현상은 은행만의 일이 아니며, 최근 다양한 산업군에서 DT 직무에 대한 중요성이 강조되고 있는 것을 봐도 알 수 있다. 은행도이에 대한 빠른 대응을 하고 있으므로, 지원자라면 은행의 조직도와 그 직무를 자세하게 살펴 대비하는 것이 필요할 것이다.

은행의 경우 주요 사업을 기획하는 '경영기획', '영업', '개인고객', '기업고객'이 가장 기본적인 본부 구성이다. 최근에는 여기에 글로벌 사업부와 비대면 사업부, VIP 고객 또는 자산가들을 전담하는 부서가 신설되고 있다. 이들부서는 일반 기업에서 하는 업무와 대동소이하며, 은행 직무라고 했을 때 떠올리는 대부분의 지점을 생각하면 쉽게 이해할 수 있다.

최근 은행 채용공고에서 유달리 많이 보이는 직무가 있는데, 바로 디지털관련 직무이다. 비대면 거래의 확대와 더불어, 기존의 은행들과 다른 빅테크기업들이 은행 업무를 시작하면서 더욱 디지털 직무를 강화하려는 움직임들을 보이고 있다.

때문에 앞으로 은행의 직무는 어떤 변화가 있을지를 예측하고 인지하는 것이 중요하며, 이런 변화에 적응할 수 있는 준비가 되어 있어야 한다.

지점의 기본적인 과제는 영업이고, 영업점에는 수신, 여신, 외환, 신용카드, 기타 부수거래 업무에 대한 인식이 지점 구성원에게 철저하게 교육되어 있다고 보면 된다. 은행에 입사하면 점유비율이라는 표현을 자주 듣게 된다. 점유비율이란 시장점유율과 마찬가지로 시장 내 은행의 독점도를 의미한다. 그만큼 영업에 대한 중요성이 크다는 말이다. 전부터 내려오는 점주권 혹은 기존 고객 거래 성향에 너무 구애받지 말고 수시로 현상을 재점검함으로써 한정된 인원으로 가장 효율적인 세일즈 활동을 할 수 있도록 늘 교육과 캠페인이 진행될 것이다. 은행에서 판매되고 있는 다양한 예금, 적금, 간접상품들이 대표적인 상품이며, 고객을 기준으로 가계와 기업으로 나뉘며 고객들을 유지하기 위한 다양한 활동을 하는 업무를 수행한다.

● **개인(가계)예금 추진 전략**
고객명부의 작성, 정기예금의 증강, 만기일 관리, 지점의 주력 마케팅 상품 선정, 창구세일즈와 로비세일즈의 강화를 위한 다양한 캠페인이 진행된다.

● **법인(기업)예금 추진 전략**
법인 거래는 대체적으로 여신거래가 수반되며, 타 은행과의 복수거래가 많으므로 대출담당 창구 담당자와 유기적인 협업이 필요하다.
기업 고객들의 경우는 대출은 자점에서 받고, 예금은 타 은행 또는 비은행 금융기관에 있는지를 확인하는 것이 중요하다. 기업의 경우에는 집합투자상품에 대한 새로운 인식을 심어줄 필요가 있으며, 다양한 상품들을 기획하여 담당자와 지속적으로 관계를 유지해야 한다.

❶ 개인 금융

■ 개인고객영업(Retail Sales)

수시 입출금식예금, 정기예적금, 출납, 자동화기기, 계산, 어음교환, 간접 상품판매 및 수납대행, 방카슈랑스 업무 등의 개인영업 전반을 수행하는 것을 말하며 영업점에서의 기본 업무를 생각하면 된다. 여기에 카드 및 가계대출 업무를 처리하며 리스크관리, 창구거래와 상품 마케팅 활동에 있어 고객관리와 부수거래 업무를 담당한다. 신입으로 입행을 하게 된다면 영업점에서 처음 대면하게 되는 경우가 가장 많은 직무라고 이해하면 된다.

■ 개인영업기획(본부 부서 업무)

개인고객 업무 전반에 관한 사항을 기획하고 개인관련 각종 제도, 수신 및 가계여신 대내외 규정과 사후관리, 금융실명제, 주택청약 업무, 금리, 수수료, 방카슈랑스, 간접판매상품 및 수납대행 등의 업무를 기획하고 개선하며 관리하는 업무를 담당한다. 업무 특성상 다양한 영업점의 직원들을 대상으로 응대를 하며 지원 업무 역시 상당히 많다.

■ 개인고객상품개발(본부 부서 업무)

신상품 개발, 수신금리 및 수수료의 기획, 수신관련 규정 및 제도의 개선, 상품성 분석 업무를 담당한다. 해당 업무는 금융 공학적 지식과 법률적 해석에 대한 지식을 지닌 구성원이 상품개발 업무 전반의 부수업무 및 수명사항을 처리한다.

■ 개인마케팅(본부 부서 업무)

마케팅 전반의 전략을 수립하여 추진하고 집중마케팅을 통해 개발된 상품을 영업점에 프로모션 한다. 개인 고객팀 평가에 관한 업무를 기획·개선하며, 각종 마케팅 정보자료를 영업점에 제공하고 체계적으로 관리하여 추진하는 업무를 수행한다. 통상적으로 마케팅 부서의 기능을 담당하지만 최근에는 디지털부문의 업무를 함께 수행하거나, 디지털 영업 부서를 따로 운영하는 등 은행별로 차이가 있다.

■ CS(Customer Satisfaction, 고객 만족)

본부에서 운영하며 고객접점에서의 서비스를 평가 · 관리 · 개선하는 업무이다. CS 기획 및 평가업무를 수행, CS 교육자료를 개발 및 보급하여 CS 수준 향상을 도모하고 효과적인 고객의 소리를 관리하여 내외부 고객 만족도 향상을 위해 중점적인 업무를 수행한다.

내부 직원들은 CS 교육을 통해 의식을 강화하고, 세일즈 기법과 고객응대, 전화응대에 대한 교육을 받는다. 또한 각종 CS 관련 교육 자료를 영업점에 제공하고 고객만족 모니터링 업무까지도 수행한다. 입행하게 되면, 신입행원 연수 시 담당 부서의 관리자와 부서원들이 고객응대를 하는 모습을 현장에서 직접 보고 배울 수 있을 것이다.

■ PB(Private Banking)

담당자의 전문성을 바탕으로 독립적으로 업무를 진행하는 경우도 있으며, 영업점에서 담당자의 업무범위와 의사결정을 할 수 있는 책임까지 부여되는 업무이다. 주로 자산가들을 대상으로 영업활동을 하며, 고소득 개인고객의 전담 관리를 위하여 우수한 역량을 지닌 인재를 양성하고 양질의 자산종합관리 서비스를 제공하는 업무이다.

영업점의 PB 업무는 개인고객을 대상으로 유지 · 확충을 위해 우수 개인고객을 대상으로 여신, 수신, 외환, 신용카드 등의 상담업무와 종합자산관리 서비스를 제공하고 신규우수고객 유치를 위해서 마케팅 활동을 담당한다. 신

입직원이 담당하는 업무는 아니며, 종합적인 금융서비스를 제공을 통해 고객
유치까지 연관성이 있으므로 통상 영업점의 경우 업무 역량이 뛰어난 담당자
중 해당 전문성을 보유한 직원이 담당한다.

■ 고객 상담

다양한 채널을 통하여 동일한 금융서비스를 받을 수 있도록 상담원의 상담
능력 향상과 효율적인 인력 운영을 위한 기획관리 업무를 수행하고, 수익성
제고, 영업점 직원의 업무 경감을 위해 각종 업무를 상담한다. 전화 집중, 텔
레뱅킹, 일반 TM, 카드 TM, 고객센터 전반애 대한 지원 업무를 수행하며,
대고객 서비스를 위한 개선과 양적 향상을 위한 영업점 업무를 상담한다. 일
반적으로 은행의 대표전화로 연락하면 해당 부서에서 응대를 한다.

❷ 기업영업

■ 기업고객영업

기업고객을 대상으로 영업활동을 하는 직무를 의미하며, 융자 상담 및 여
신실행을 통한 신용조사를 통해 품의서 작성 및 담보권 설정과 채권서류 등
을 작성, 관리하고 여신 사후관이 업무를 담당한다. 한편으로는 기업고객의
외환업무에 대한 상담, 심사 의사결정에 있어 필요한 업무 관리와 창구거래
마케팅 활동 등을 수행하는 업무를 말하기도 한다.

■ 기업영업기획(본부 부서)

기업영업기획, 기업고객 상품개발, 기업마케팅, 개정기금 운용 등의 업무
를 수행하며, 기업고객 관련 각종 제도의 기획과 대외보고, 여신한도, 연체
관리를 관리하고, 신상품개발, 상품별 금리 수수료 결정 상품관련 규정과 상
품별 판매실적, 리스크 관리, 사후관리에 대한 것을 개발 및 기획한다.

❸ 카드 사업

본부 부서의 업무로 카드기획, 카드신용관리, 카드마케팅 업무가 있다. 각각 해당 부서에서 상품들의 세일즈 및 프로모션을 통해 수익을 창출하고, 카드회원에 대한 다양한 마케팅 수단을 개발하거나, 고객 니즈에 부합하는 상품 개발을 위한 데이터 분석을 한다.

신규 수익고객 창출, 기존회원의 카드 이용 활성화 및 홍보 이미지 개선, 신종 제휴 업무를 통해 고객들의 니즈를 반영하여 업무를 추진한다. 더불어 카드 관련 사후관리 기획, 상각 등의 업무계획 이행 점검, 일반관리 등을 통해 연체감축 및 부실화 방지를 위한 관리 업무를 수행한다.

❹ 자산신탁운용

자금관리 및 자금운용에 대한 업무를 수행한다. 자금관리에서는 은행 전체 유동성 관리 및 수익성 제고를 위하여 본부기획, 자금기획, 지급준비금, 본지점이율 및 금리협의를 담당한다. 원활한 자금 운영 업무의 지원 및 자금관리를 위하여 외환 및 원화거래 관련 업무를 담당하는 것도 해당 부서의 몫이다.

자금운용에서는 외환 딜링, 금융공학, 리스크 마케팅, 주식 운용, 채권 운용 등에 대한 업무를 수행하고, 신탁관리에 대한 기획과 관리, 증권 수탁, 국제 금융 기획과 외화자금 관리, 해외영업 등에 대한 영업전략 수립, 업무 실적 취합 및 분석, 현지 관행에 대한 업무별 내규, 약정서 제정 및 개정을 통한 영업점 업무별 프로세스 수립을 담당한다. 또한, 외환 기획과 업무 지원에 대한 신설, 폐지, 지도 실무를 담당한다.

한편으로는 외국환 업무 추진과 업무계획수립, 대내외 규정 신설 및 개정, 영업점마케팅 지원 및 평가 업무를 수행하며, PF · 벤처투자 · M&A 대상의 지속적인 발굴을 통해 업무를 활성화하고, 프로세스별 업무 수행 및 자산관리 실무를 담당한다.

❺ 여신지원(본부 부서)

여신심사분석은 여신심사와 기업분석 업무를 말한다. 신용분석을 통해 해당 여신이 부실 여신이 되지 않도록 사전예방하고, 건전 여신 확대를 도모하기 위한 여신 심사 전반의 업무를 수행한다. 또한, 심사관련 제도를 보완·개선하며 심사관련 정보를 영업점에 제공하기 위한 일련의 제반 활동을 실시한다.

기업분석은 건전 여신 제고, 수신 확대 등을 위해 여신거래 기업에 대한 인적·물적 사항과 재무상태 및 기타 경영 상태를 관리 분석하여 신용도를 평가한다. 혹시나 해당 여신이 부실한 경우 사후 여신관리에 대한 일체의 업무를 수행해야 한다. 또한 경매소송, 부실채권관리, 리스크마케팅, 자산유동화상각, 법정관리 신용정보개발 일련의 업무를 수행한다.

❻ IT&ICT

보통 정보기획, 시스템운용, 정보개발, 정보관리, e-Business로 나누어 업무를 수행한다. 최근 들어 채용규모가 커지고 있는 직무이며, 비대면 거래의 활성화로 해당 영역이 점점 더 확대될 것으로 보인다. 해당 직무에서는 전산 업무 제반 현황 파악과 타행과 비교 분석하여 전산조직의 개선사항을 검토하고 전산 업무 운영계획 등을 수립하여, 전산교육, 전산보안 및 전산감사, IT 업무 및 프로젝트 추진 등의 전략과 제반 활동을 수행한다.

최근에는 정보의 관리를 통해 수익을 다변화하는 데 적극적으로 데이터를 활용하고 있으며, 마케팅 정보와 경영정보관리를 통하여 의사결정에 있어 리스크를 줄이는 역할을 하고 있다.

❼ 경영기획

■ 전략기획

경영전략 및 경영목표 수립을 위한 자료의 수집과 점검을 통해 부서별 목표 이행 여부를 점검, 경영진의 의사결정 지원을 위해 회의체 운영을 담당한다.

■ 예산

일반관리비 및 자본 예산을 편성하고, 효율적인 자원배분을 통해 경영목표 및 업무 계획 달성을 지원하기 위해 편성예산과 기부금의 실제 운용계획을 수립 실행·관리하는 부서이다. 자회사 및 금융권 공동으로 출자한 출자회사 에 관련된 업무를 전담한다.

■ 대외업무

국정감사의 원활한 수검 및 대외기관의 요구관련 자료 취합과 이사회의 회의 안건 수렴 및 의사록 관련 업무를 담당한다.

■ IR(Investor Relations)

IR은 은행이 시장에서 정당하게 평가받고 투자자와의 신뢰를 쌓기 위해 관련 정보를 공개하고 투자 설명회를 유치, 홍보하는 모든 활동을 말한다. 관련 자료들을 정기적으로 보완하고 관리하여 효율적으로 IR을 수행한다.

■ 비서

임원진의 경영전략 수립과 경영방침 정립 및 경영 의사결정 관련 각종 정보를 수집·분석하여 보고하는 경영지원 업무를 담당한다. 또한 임원들의 일정관리 및 의전 업무 수행과 특명사항 처리를 담당하기도 한다.

■ 법무

법률적인 업무를 담당하는 곳으로 은행업무에 대한 적합한 처리를 유도하며 법률심사 등을 통해 법적분쟁을 사전에 예방한다. 윤리경영 업무, 자금세탁 방지 업무를 추진하는 데 주도적이고 실무적 역할을 한다.

■ 경영관리

경영평가, 이익관리, 종합 수익관리를 담당한다.

❽ 경영지원

■ 인적자원 기획

인적자원 기획 업무와 인력개발 기획 업무로 나눌 수 있다.

···› 인적자원 기획

조직전략과 연계된 인사제도를 연구 · 수립 · 운용함으로써 인사관리가 원활히 이루어질 수 있도록 하는 인사 전반의 업무를 담당한다.

···› 인력개발 기획

경영목표 및 은행 비전 달성을 위해 연수제도의 기획과 과정 개발을 담당하며, 인적자원 개발을 위한 중장기 계획을 수립한다. 이에 대한 업무를 실행하기 위한 세부 교육 프로그램을 개발 운영을 담당하는 업무이다.

■ 인사운영

인사관리, 급여후생, 노사, 교육연수, 연수 및 교수는 사실 인사 부서 전반의 업무이며 그 중 인사운영은 채용에서 교육훈련과 직원 복리후생에 대한 일체의 업무 수행을 담당한다.

■ 총무

은행에서의 총무는 문서의 취급에 있어 능률적이고 통일된 양식과 효율적 관리를 위하여 경비 예산을 검토하고 각종 세금 공과금의 적절한 납부 및 영업점 세무 업무를 지도한다. 또한 주식에 관한 사무와 동·부동산 관리 업무도 함께 수행한다.

■ 업무지원

영업점 물류지원, 현금수급, 어음교환, 추심 업무 및 기타 후선관리를 위한 사무를 주도적으로 처리함으로써 영업점의 업무량 감축과 업무생산성 향상 및 내외부고객의 니즈를 충족시키는 것에 중점을 둔다.

■ 시설지원

시설 관리에 대한업무와 영선업무로 나뉘는데 건물유지관리에 대한 용역업체관리 또한 은행 모든 시설의 운영에 있어 시설영선 업무를 담당한다.

■ 안전관리

전시 등 비상사태 발생 시 은행의 인적 물적 금전적 자원을 효과적으로 보호관리 하기 위하여 을지연습 및 직장예비군, 민방위 조직관리 및 운영, 훈련 등 제반 활동을 실시하는 업무와, 경비인력의 배치 차량관리 및 정비 업무 지원, 효율적인 인력관리를 담당한다.

8 / 은행연합회

KFB; Korea Federation of Banks

Know-how 보다는 Know-where가 핵심인 시대가 되었다. 인터넷과 오픈 소스만으로도 우리가 원하는 것을 얼마든지 찾아낼 수 있기 때문이다.

어느 산업 분야건 협회나 연합회는 그 산업 분야 정보의 보고이다. 은행연합회는 특히 은행원을 포함한 금융인들의 소통의 공간이자 정보교환의 장이다. 때문에 금융권 구직자들에게 요긴하게 도움이 될 뿐만 아니라 금융권에 대한 호기심을 자극할 수 있는 내용들로 가득하다. 게다가 은행연합회가 자리잡고 있는 명동의 은행회관에는 한국금융연구원, 국제금융센터, 한국신용정보원 등과 같이 대학생들이나 사회초년생들이 평소 쉽게 접해보지 못한 금융 기관들이 입주해 있고 뱅커스클럽, 헬스클럽 등 금융인을 위한 복리후생 시설도 마련되어 있다.

은행연합회 홈페이지를 방문해 보면 평소 알기 쉽지 않은 회원사 은행의 정보를 볼 수 있다. 회원사는 정사원은행과 준사원은행으로 구분하는데, 정사원은행으로는 산업은행과 5대 시중은행, 외투법인인 SC제일은행과 시티은행, 인터넷은행인 케이뱅크와 카카오뱅크 및 지방은행들이 등록되어 있다.

그 외 준사원 회원으로는 현재 우리나라에 지점으로 입점해 있는 미국계, 유럽계, 아시아계 등 36개의 외국계 은행들이 가입해 있다. 특히 외국계 은행은 주로 기업 간 거래를 하기 때문에 그 정보가 제한적인데, 등록된 은행의 이름을 통해 우리나라에 꽤 많은 외국계 은행 지점들이 영업활동을 하고 있음을 확인할 수 있다.

우리나라에 진출해 있는 제이피모건 체이스은행, 뱅크오브아메리카, BNP 파리바 등의 서구 은행들은 세계적인 글로벌 기업들로 외국 신문과 뉴스에서 자주 접할 수 있다. 우리가 앞서 살펴본 신용보증기금 및 기술보증보험과 한국주택금융공사 등도 은행연합회 정사원으로 등록되어 있는데, 이들이 은행은 아니지만 은행과 얼마나 밀접하게 일하는지 알 수 있다.

소비자 포털에서는 쉽게 금융상품정보를 알고 은행 간 금리 비교도 가능하며 은행들의 자금조달비용 지수인 COFIX(Cost of Funds Index) 개요와 공시, 은행 간 대차시장 단기기준 금리인 KORIBOR(Korea Inter-Bank Offered Rate)의 개요 및 공시 또한 확인할 수 있다. 이외에도 은행연합회에서는 민원신청, 현재 판매하는 은행상품들에 대하여 알기 쉽도록 설명해주는 것은 물론 초 · 중 · 고 · 대학생들을 위한 금융교육도 운영하고 있다.

취업 전에는 물론이고(은행권에서는 취업보다는 입행이라는 용어를 사용한다) 취업 후에도 정보는 힘이다. 은행연합회의 알림 및 소식만 확인하더라도 그날 그날의 신문에 보도된 모든 은행의 소식을 통해 업계의 동향을 빠르게 파악할 수 있다.

공시자료실에는 국내 은행의 경영 정기 · 수시 공시, 국내은행, 외은 지점의 재무제표와 더불어 은행을 포함한 금융투자, 보험 비은행 분야까지 금융 관련 법규도 확인해 볼 수 있다.

취업을 준비하는 지원자들을 보면서 느끼는 안타까움 중 하나는 그들에게 진로 방향성을 잡기 위한 정보량이 충분하지 않다는 것이다. 현재 은행 종사자들이 직접 이용하고 있는 은행연합회 내 회원사 은행들의 경영 및 통계정보, 정책, 자료들을 실제로 접해본 뒤 금융권 취업 준비에 좀 더 효과적으로 이용할 수 있게 되길 바란다.

은행연합회 홈페이지

· COFIX(Cost of Funds Index, 자금조달지수비용)

2000년대 후반까지 CD 금리는 주택담보대출의 주된 준거금리로 활용되어 왔지만, CD 금리와 시장금리 간 괴리가 확대되는 등 문제가 발생하자 금융당국과 은행연합회는 은행과의 협의를 거쳐 새로운 대출 준거금리로서 은행자금조달 상품의 가중평균금리인 자금조달비용지수(COFIX; Cost of Funds Index)를 도입(2010년 2월 최초 공시)하였다.

은행연합회는 국내 8개 은행(국민, 우리, 신한, 농협, 기업, KEB하나, 한국씨티, SC제일)이 제공한 자금조달 관련 정보를 바탕으로 잔액 및 신규취급액 기준 COFIX를 산출하여 매월 15일 15시 이후 은행연합회 홈페이지를 통해 공시하고 있다.

지수산출대상 자금조달상품은 정기예금, 정기적금, 상호부금, 주택부금, 양도성예금증서, 환매조건부매도, 표지어음매출, 금융채이다. COFIX는 전체 조달자금의 평균비용으로 평균 만기가 9~10개월 수준이며, 월 1회만 공시됨에 따라 은행들은 만기가 1~2년 내로 짧은 변동금리부 단기대출에 대한 준거금리로 여전히 COFIX보다는 CD 금리를 선호하자, 이에 따라 2017년 7월 COFIX를 보완하여 만기가 짧은 기업대출 및 가계 신용대출에 활용할 수 있도록 단기 COFIX 도입이 결정되었다. 단기 COFIX는 단기(3개월) 조달상품의 평균금리로, 2012년 12월 20일부터 신규취급액 기준으로 매주 1회 공시되고 있다.

· KORIBOR(Korea Inter-Bank Offered Rate)

은행 간에 돈을 빌릴 때 적용하는 호가금리. 외국계 은행 3곳을 포함한 국내 15개 은행이 금리 수준을 제시하면 상하위 3개를 제외한 9개를 산술 평균해 매일 11시에 발표한다. 그러나 실거래가가 아닌 은행 간 거래를 할 때 지급할 의향이 있는 '호가'에 불과하다는 점에서 지표금리로는 부적절하다는 의견이 지배적이다.

9 한국금융연수원

KBI; Korea Banking Institute

흔히 취업을 바늘구멍에 들어가는 것에 비유하지만, 정작 바늘구멍 같은 취업문을 지난 이후라도 본인의 경력을 개발하기 위해서는 꾸준한 노력을 멈출 수가 없는 것이 현실이다. 금융권에 취업하면 은행, 증권사, 자산운용사, 보험사 가릴 것 없이 계속해서 받아야 하는 교육과 연수가 있고, 종종 업무를 위해 일과 공부를 병행하며 자격증을 취득해야 한다.

금융회사들은 한국금융연수원에 전문 연수를 의뢰하여 직원들의 역량 향상을 위한 교육을 하는데, 이들 연수 중에는 필수적으로 받아야 하는 과정들도 있다. 특히 은행에서 근무하게 되면 입사 초기에는 지점근무를 통해 고객을 주로 응대하는 상담과 영업 중심의 업무 비중이 크지만, 시간이 지나면 본인만의 전문 분야가 생기고, 해당 전문성을 키우기 위해 꾸준히 공부해야 한다. 이러한 개인의 경력개발 및 관리 차원에서도 한국금융연수원의 교육과정은 유용하다.

한국금융연수원에서 실시하는 연수 서비스는 방식에 따라 집합연수, 통신연수, 사이버연수 및 블렌디드로 나뉜다. 주요 분야로는 디지털금융, 기업금융, 개인금융, 외환, IB, 자산운용/파생상품, 법률/컴플라이언스, 리스크관리, 글로벌 및 기타 등이 있다.

한국금융연수원의 주요 역할 중 하나는 자격시험 운영 및 자격관리이다. 금융권 취업에 있어서 자격증은 자신의 관심 분야와 노력을 지원회사에 알릴 수 있는 신호 역할을 한다. 다수의 은행이나 증권사들은 분야별로 채용하고 있으므로 기업금융분야 및 전문분야에 대한 관심을 갖고 있다면 본인이 희망하는 분야의 자격증을 미리 알아보고 준비하는 것이 좋다.

물론 자격증에 따라 취업 시 가점을 받을 수 있지만 너무 자격증에 의지하거나, 또 아예 무시하는 것 모두 바람직하지 않은 태도이다. 자격증을 준비하는 과정은 시간을 할애해야 하는 만큼 취득에 대한 부담을 갖게 된다. 하지만 자격증을 준비하는 과정에서 얻게 되는 지식도 상당하고 자격증을 취득하지 못하더라도 자기소개서에 합격을 위해 공부했던 과정, 노력 그리고 깨닫게 된 것들을 기재할 수 있기 때문에 모든 노력이 헛되다고 볼 수는 없다.

과거 필자는 은행 입사를 희망하는 학생들을 지도할 때 기업금융분야를 희망하면 AFPK나 FP와 같은 개인금융 중심의 자격증은 특별히 추천하지 않았다. 하지만 최근 시중은행 중에는 신입사원들의 조기 탈락을 방지하기 위해 지점 근무 시 필요한 영업 능력 검증에 초점을 맞춘 세일즈와 프리젠테이션 면접을 강화하고 펀드 판매를 할 수 있도록 관련 자격증을 선호하기도 하니 참고하자. 한국금융연수원에서 운영하는 자격증에는 국가공인과 민간, 연수과정 연계 민간자격과정이 있다.

한국금융연수원에서 주관하는 국가공인 자격시험

자격증 종류	분야	내용
신용분석사 (CCA; Certified Credit Analyst)	기업금융 여신	금융기관의 여신관련 부서에서 기업에 대한 회계 및 비회계자료 분석을 통하여 종합적인 신용상황을 판단하고 신용등급을 결정하는 등 기업신용 평가업무를 담당하는 금융전문가
여신심사역 (CLO; Certified Loan Officer)	기업금융 여신	금융기관의 여신관련 부서에서 기업에 대한 여신심사 시 국내외 경제상황과 기업의 신용상황 및 사업성분석을 통해 대출실행 여부를 결정하고 그에 따른 대출이율 및 기간의 결정, 대손방지를 위한 제반 조치상황과 법률적 검토의견 등을 포함한 종합적인 심사업무를 담당하는 금융전문가
국제금융역 (CIFS; Certified International Finance Specialist)	기업금융 외화자산	금융기관의 국제금융 관련 부서에서 국제금융시장의 동향파악 및 분석, 예측 등을 통하여 외화자금의 효율적 조달과 운용업무를 담당하고 이에 따른 리스크관리 등 국제금융 관련 업무를 수행하는 금융전문가
자산관리사 (FP; Financial Planner)	개인금융	금융기관 영업부서의 재테크팀 또는 PB(Private Banking)팀에서 고객의 수입과 지출, 자산 및 부채현황, 가족상황 등 고객에 대한 각종 자료를 수집, 분석하여 고객이 원하는 라이프플랜(Life Plan) 상의 재무목표를 달성할 수 있도록 종합적인 자산설계 상담과 실행 지원 업무를 수행하는 금융전문가
신용위험분석사 (CRA; Credit Risk Analyst)	기업금융 여신	금융회사 및 기업신용평가기관 등에서 개인과 기업에 대한 신용상태를 조사·평가하고 신용위험을 측정·관리하는 여신전문가
외환전문역 I종 (CFES I; Certified Foreign Exchange Specialist I)	개인금융 외환	금융기관의 외환 업무 중 외국환 법류 및 외환거래실무를 이해하고 고객의 외화 자산에 노출되는 각종 외환리스크를 최소화시키는 등 주로 개인 외환과 관련된 직무를 담당
외환전문역 II종 (CFES II; Certified Foreign Exchange Specialist II)	기업금융 외환	금융기관의 외환 업무 중 수출입 업무 및 이와 관련된 국제무역 규칙을 이해하고 외환과 관련된 여신 업무를 수행하는 등 주로 기업 외환과 관련된 직무를 담당

*출처 : 한국금융연수원

· AFPK(Associate Financial Planner Korea)

한국 FPSB(Financial Planning Standards Board)가 주관하는 개인재무종합설계업무에 대한 국내전문자격증이다. AFP자격시험에 응시하기 위해서는 한국 FPSB에서 지정된 교육기관에서 AFPK 교육과정을 수료해야 하나 한국 FPSB가 정한 바에 따라 전체 또는 일부 교육을 면제받을 수 있다.

증권사와 자산운용사

≫ 자본시장의 중추, 투자의 미래

몇 년 전 취업캠프에서 학생들을 지도할 때의 일이다. 캠프에서 만난 학생들 중 금융권 취업에 관심을 갖고 있는 이들이 지원하는 곳은 대체로 은행이나 금융공기업이었는데 드물게 증권사에 취업을 원하는 학생이 있어 지원동기를 물어봤다. 당시 학생의 대답을 기억나는 대로 옮기자면 '은행은 금리가 낮아 앞으로 저축이 재산 증가의 역할을 할 수 없으니 증권사에 들어가서 대박이 날 수 있는 주식종목을 찾겠다.'는 것이었다.

물론 지금까지 간접금융의 대표 기관인 은행에 대한 믿음과 의존도가 지나치게 강했던 국민들이 직접금융시장으로 눈길을 돌리는 것은 그런대로 바람직한 현상이다. 하지만 주식이 '대박' 아니면 '쪽박'이라는 이분법적 사고는 우리에게 혼란만 줄 뿐 도움이 되지 않는다.

최근에는 은행에 방문하여 전통적인 금융상품인 적금에 가입하지 않고 펀드를 구입하는 사람들이 많아졌다. 기준금리가 매우 낮아진 환경에서 은행도 예대마진을 대체하여 비이자 수익을 올리기 위해 노력을 기울이고 있어 서로의 니즈가 잘 맞아떨어진 듯하다.

이처럼 주식투자 붐으로 인해 자본시장에 대한 일반인들의 이해가 상당히 높아졌다. 하지만 자본시장과 관련되어 쏟아져 나오는 뉴스와 금융투자상품은, 어려운 용어들은 물론 헷갈리는 법률적 해석 등으로 인해 범접할 수 없는 전문 분야인 듯 느껴질 때가 있을 것이다.

따라서 이번 챕터에서는 증권사와 자산운용사에 대한 기본 내용을 소개하여 금융투자상품에 대한 이해를 돕고 금융투자업자인 증권사와 자산운용사의 주요 업무가 무엇인지 알아보고자 한다. 더불어 증권사나 자산운용사에 대해 현장의 유용한 정보를 접할 수 있는 금융투자협회도 소개하려 한다.

설령 일반 기업에 취업하거나 금융 분야와 무관해 보이는 다른 업무에 종사한다 하더라도 기업의 재무, 자금조달과 관련되어 있는 증권사의 주식발행, 회사채 발행, IPO 등에 대한 기초적인 이해는 앞으로의 삶을 살아가는 데 있어 여러모로 도움이 될 것이다.

언젠가 대기업의 기술 R&D 분야 직원에게 재무와 회계, 마케팅을 유기적으로 이해할 수 있는 경영시뮬레이션 수업을 진행한 경험이 있다. 당시 수강생들은 타 부서와 소통했던 본인의 경험을 바탕으로 평소 궁금해하던 질문을 하며 재미있어 했다.

증권이나 투자에 대한 내용은 기업은 물론 개인도 기본적으로 알고 가야 할 기초적인 지식이다. 이번 챕터에서 다루는 내용이 부디 자본시장을 이해하는 관심의 다리를 놓는 초석이 되기를 바란다.

우리나라의 금융시장

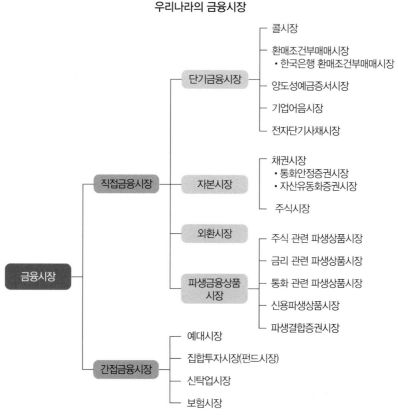

*출처 : 한국은행, 2016

※ 간접금융시장에서 예대시장은 은행영역, 집합투자시장은 자산운용사, 신탁업은 신탁사 또는 투신운용사, 보험시장은 보험사의 영역이다.

※ 단기금융시장을 '자금시장(Money Market)' 또는 '화폐시장'이라고 하며 장기시장인 자본시장(Capital Market)과 장·단기 기간의 상대적 의미로 사용한다.

1 / 금융투자업의 분류와 업무 이해

「자본시장과 금융투자업에 관한 법률」(이하 「자본시장법」)에서 '금융투자회사'란 이익을 얻을 목적으로 계속적이거나 반복적인 방법으로 행하는 행위로서 다음과 같이 투자매매업, 투자중개업, 집합투자업, 투자자문업, 투자일임업, 신탁업 6가지 중 어느 하나에 해당하는 업무를 수행하는 회사를 말한다.

「자본시장법」에서는 금융투자업 간 겸영을 허용하여 금융투자업자가 원할 경우 위에서 말한 6가지 금융투자업의 업무를 모두 겸영할 수 있으나 이를 위해서는 2,000억 원 이상의 자기자본이 필요하다. 우리가 일반적으로 알고 있는 '미래에셋대우', '삼성증권', 'NH증권'과 같은 증권사 및 자산운용사가 바로 금융투자업 또는 금융투자회사에 해당한다.

금융투자회사의 구분과 업무

	구분	담당금융기관	기본 업무
금융투자업의 기본 업무	투자매매업	증권사, 선물회사	자기 계산으로 금융투자상품의 매매 등을 하는 업무
	투자중개업	증권사, 선물회사	타인 계산으로 금융투자 상품의 매매 등을 하는 업무
	집합투자업	자산운용사	집합투자를 영업으로 하는 업무
	투자자문업&투자일임업	증권사 투자자문사	투자판단에 관한 자문을 영업으로 하는 업무&투자판단의 전부 또는 일부를 일임받아 투자자별로 구분하는 운용하는 업무
	신탁업	신탁회사	신탁업을 영업으로 하는 업무

· 투자매매업(Dealing Business)

누구의 명의로 하든지 금융상품을 매도 · 매수, 증권의 발행 · 인수 또는 그 청약의 권유, 청약, 청약의 승낙을 영업으로 하는 것을 말한다(「자본시장법」 제6조 제2항).

· 투자중개업(Arranging Dealing Arranging Deals Business)

누구의 명의로 하든지 타인의 계산으로 금융투자 상품을 매도 · 매수, 증권의 발생 · 인수 또는 그 청약의 권유, 청약, 청약의 승낙 또는 증권의 발행 · 인수에 대한 청약의 권유, 청약, 청약의 승낙을 영업으로 하는 것을 말한다(「자본시장법」 제6조 제3항).

· 집합투자업(Collective Investment Business)

2인 이상에게 투자권유를 하며 모은 금전 등 또는 「국가재정법」 제81조에 따른 여유자금을 투자자 또는 각 기금관리주체로부터 일상적인 운용지시를 받지 아니하면서 재산적 가치가 있는 투자대상 자산을 취득, 처분, 그 밖의 방법으로 운용하고 그 결과를 투자자 또는 각 기금관리 주체에게 배분하여 귀속시키는 업을 말한다(「자본시장법」 제6조 제4항, 제5항). 즉, 소위 펀드의 경우처럼 복수의 투자자로부터 모집된 자금을 독립된 제3자가 운영하고 그 결과를 자금을 출연한 자에게 분배하는 것을 말한다.

· 투자자문업(Investment Advisory Business)

금융투자상품, 투자대상자산(부동산, 금융기관에의 예치금 등)의 가치 또는 투자판단에 관한 자문에 응하는 것을 영업으로 하는 것을 말한다(「자본시장법」 제6조 제6항). 여기에서 투자판단이라 하면 금융투자상품의 종류, 종목, 취득 · 처분, 취득 · 처분의 방법 · 수량 · 가격 및 시기 등에 대한 판단을 말한다.

· 투자일임업(Discretionary Investment Business)

투자자로부터 금융투자상품, 투자대상자산에 대한 투자 판단의 전부 또는 일부를 일임 받아 투자자별로 구분하여 금융투자상품을 그 투자자의 재산 상태나 투자 목적 등을 고려하여 금융투자상품 등을 취득, 처분, 그 밖의 방법으로 운용하는 업이다(「자본시장법」 제6조 제7항). 금융투자회사는 수량, 가격, 매매시기뿐만 아니라 종류, 종목, 매도·매수 여부, 매매방법까지도 일임 받아 거래할 수 있다.

· 신탁업(Trust Business)

신탁을 영업으로 하는 것으로 원본보존신탁의 수익권을 제외한 모든 신탁의 수익권은 모두 「자본시장법」상 금융투자상품의 개념에 해당한다.

2 / 증권사의 주요 업무

고유 업무	위탁매매(Brokerage), 자기매매(Dealing), 투자은행(IB), 자산관리(Wrap Account)
부수 업무	장외파생상품, 프라임브로커리지(Prime Brokerage), 기업신용공여

 증권사의 업무는 크게 위탁매매, 자기매매, 투자은행, 자산관리의 고유 업무와 장외파생상품, 프라임브로커리지, 기업신용공여의 부수 업무가 있다.

❶ 위탁매매(Brokerage)

 증권사가 주식, 채권, 선물 옵션 등의 증권 상품에 대해 위탁매매 서비스를 제공하고 위탁수수료를 취득하는 것이다. 위탁 매매 고객을 대상으로 한 신용공여(대주, 융자) 관련 수익을 취득하기도 한다. 증권사의 수익구조에서 가장 큰 비중을 차지하던 위탁매매 분야는 최근 온라인거래의 활성화와 수수료 경쟁에 따라 수수료율이 하락하여 수익성이 하락하고 있다.

위탁매매의 구조 – 한국거래소가 회원제로 운영

❷ 투자매매업(Dealing)

고유자산 운영 업무로 PI(Proprietary Investment)라고도 한다. 부동산 등 다양한 분야에 투자한다.

> ● **위탁매매와 투자매매의 비교**
> 위탁매매와 투자매매를 쉽게 비교하자면, 부동산 중개업자가 단순히 구매를 희망하는 고객에게 집을 소개하여 매매 성공 시 중개수수료 수익을 얻는 것(위탁매매)과 중개업자가 자신의 자금을 이용하여 부동산을 직접 매입하여 수익을 올릴 수 있는 일정 시점에서 판매하는 것(투자매매)과 같다. 리스크 측면에서는 직접 매입하는 편이 위험도가 더 높을 수 있지만 직접 매매하여 얻게 되는 거래 차익이 높은 수익을 실현할 가능성도 크다.

❸ 투자은행(IB)

■ 인수업무(Underwriting)

증권발행절차를 대행하고 발행증권을 인수하는 업무로, 주식인수 부문(IPO, 유상증자), 채권인수 부문(국공채, 회사채, 기업어음 등), 자산유동화증권 부문(ABS, MBS 등)이 있다.

■ M&A 자문서비스

기업 간 주식 취득, 합병, 영업양수 등에 의한 M&A 거래를 지원하는 업무로 자기자본을 사용하지 않으면서 고수익을 얻을 수 있는 투자은행의 핵심업무이다. M&A 자문서비스를 하기 위해서는 자문수행 경험(트랙레코드), 기업 및 투자자 네트워크, 리서치 능력 등이 필요하다.

❹ 자산관리(Wrap Account)

고객 개개인의 기호에 맞추어 여러 종류의 자산운용 서비스를 하나의 계좌로 운용해 주는 자산종합서비스이다. 2001년부터는 증권사의 자문형 랩어카운트가, 2003년에는 일임형 랩어카운트가 허용되었다.

❺ 장외파생상품

장외파생상품 업무는 고객 대상으로 장외파생상품의 발행, 판매, 헤지 및 운용하는 클라이언트 북 트레이딩(Client Book Trading)과 고객과의 거래 없이 증권사 자신의 자본에 기초한 자기매매인 프롭 트레이딩(Prop Trading)이 있다. 클라이언트 북 트레이딩(Client Book Trading)은 고객에게 상품을 발행하여 자금을 조달·운용한 후, 만기 시 고객에게 약속한 조건에 맞는 수익률을 지급하고 수익을 취하는 형태이다. 이에 대한 상품으로는 에쿼티(Equity) 파생인 ELS, ELW, 금리, 통화, 신용, 상품 등을 기초자산으로 한 파생상품 사업과 구조화채권 사업인 FICC(Fixed Income, Currency, Commodity)가 있다.

❻ 프라임브로커리지

헤지펀드를 대상으로 제공하는 전담 중개서비스로 2013년에 자본시장법의 개정안에 따라 5개 종합금융투자사업자인 미래에셋대우증권, NH증권(구우리투자증권), 삼성증권, 한국투자증권, 현대증권에 허용되었다. 설립에 필요한 법률자문, 회계 등의 서비스, 매매체결, 청산 및 결제업무와 같은 매매거래 관련 제반 서비스, 증권의 대차 및 신용공여 등의 레버리지 제공 서비스와 헤지펀드 재산의 보관·관리 서비스가 있다.

❼ 기업신용공여

「자본시장법」 이후 종합금융투자사업자에게 기업여신을 제한 없이 허용하였다. 일반은행은 대출을 통해 기업에 신용공여를 하게 되는데, 일반은행의 여신은 소규모, 긴 만기, 운전자금대출의 성격의 성격을 띄는 것에 반해 투자은행 여신은 대규모, 짧은 만기, 브릿지론, 인수금융의 성격을 가진다.

3 증권사의 부서와 주요 업무

부서	담당 업무	필요 지식 및 기술
기업금융 (Corporate Finance)	• 기업 간 인수합병(M&A) 진행을 담당 • M&A 제안, 전략수립, 기업가치평가, M&A 자문	회계, 주식 실무, 기업의 M&A 전문 실무, 지표분석
주식발행 부서 (ECM; Equity Capital Market)	• 자기자본발행을 통한 자본조달 관련 서비스 제공 • 기업공개(IPO), 전환사채(CB; Convertible Bond)·교환사채(EB; Exchangeable Bond)·신주인수권부사채(BW; Bond with Warrant)의 발행, 유상증자(Follow-on Offering)	기업분석, 회계, 주식, 가치평가 실무, 경제지표 및 동향 분석
채권발행 부서 (DCM; Debt Capital Market)	• 채권 발행을 통해 기업의 타인자본 조달을 돕는 부서 • 채권발행, 채무 조정 업무, 스왑 업무 연결 등	기업분석, 회계실무, 채권, 채권 가치평가, 경제지표, 동향분석
주식 리서치 (Equity Research)	• 매크로, 산업, 기업에 대한 분석을 바탕으로 다양한 이해관계자들의 투자의사 결정에 유용한 정보 제공 • 산업 및 종목에 대한 총체적인 의견 제시와 보고서 작성	거시경제, 회계, 재무 실무, 산업 및 기업 분석
주식 세일즈&트레이딩 (Equity Sales&Trading)	• 고객들에게 시의적절하고 유용한 정보를 제공하여 효과적인 매매를 유도하고 실행하는 부서 • 주식 세일즈, 트레이딩(딜러)	회계, 주식 실무, 설득력, 커뮤니케이션

채권 세일즈&트레이딩 Fixed Income Sales&Trading	• 채권, 이자율, 외환, 파생상품 등이 거래되는 시장에서 거래가 이루어질 수 있도록 시장 조성자 역할 수행 • 주로 연기금, 자산운용사 기관 상대로 채권 세일즈	채권, 경제지식 설득력, 커뮤니케이션
지점영업 (Retail Sales)	주식 위탁매매, 금융 상품 판매, 기타 연계 영업	주식, 채권, 거시 경제분석
리스크 관리 (Risk Management)	리스크에 대한 대비 및 관리 업무 수행	리스크 관리, 리스크 실무, 거시경제
파생상품/대안투자 (FICC/Derivatives/AI)	채권, 외환, 이자 및 실물과 관련된 각종 파생상품을 개발&운용&마케팅	채권, 파생상품, 대안투자 상품

*출처 : 『파이낸스 커리어 바이블』

기업의 생애주기 측면에서 본 증권산업의 역할

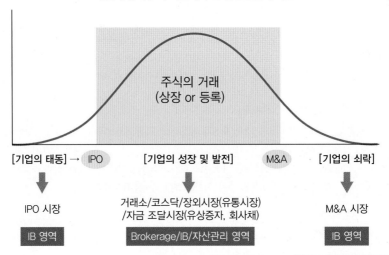

*출처: 미래에셋대우증권

4 자산운용사

자산운용업은 고객의 자산을 대신 운용하는 대가로 수수료를 수취하는 금융산업을 말하며, 은행과 증권사에서 구입하는 펀드(집합투자기구)가 이에 해당하는 금융상품이다. 이 같은 자산운용업은 자금공급자인 투자자와 자금수요자인 기업을 중개하고, 자본시장에 내재된 정보비대칭을 축소하며 효율적인 분산투자 기회를 제공하는 경제적 기능을 수행한다. 여기서는 빠르게 성장하는 자산운용업과 펀드 종류 및 구조에 대해 간단히 살펴보기로 한다.

펀드(집합투자기구)의 성격에 따른 분류

구분	형태	내용
법적 성격	투자신탁/계약형	신탁계약에 의해 투자신탁이 설정되고, 투자자는 투자신탁의 수익증권을 취득
	투자회사/회사형	투자자들의 자금으로 투자회사를 설립하고, 투자자는 투자회사의 주권을 취득
환매가능	개방형	언제라도 환매가 가능한 형태
	폐쇄형	환매가 불가능한 형태(집합투자증권을 거래소에 상장해 유동성을 확보함)
추가설정 가능	추가형	설정 후 추가로 펀드자금을 증액할 수 있는 형태
	단위형	설정 후 추가로 펀드자금을 증액할 수 없는 형태

투자 방법	임의식	투자기간과 투자금액을 정하지 않고 자유로이 입출금이 가능한 펀드
	거치식	예금처럼 일정한 금액을 일정 기간 동안 펀드에 투자하는 형태
	적립식	적금처럼 매월 일정액을 적립하여 펀드에 투자하는 형태
공모 여부	공모형	50인 이상의 불특정 다수의 투자자를 대상으로 증권을 모집이나 매출하는 것
	사모형	사모방식으로 투자자를 모으는 것

*출처 : 투자론

자산운용업의 종류는 먼저 '펀드(집합투자기구)운용'과 '투자일임'으로 구분하는데 펀드운용은 투자자가 집합투자기구의 수익증권 혹은 주식에 투자하는 것으로 투자신탁, 뮤추얼펀드, PEF(사모펀드), 헤지펀드, REIT's가 있고, 투자일임은 고액투자자나 기관투자자가 특정 펀드 매니저에게 운용을 일임하는 것이다.

펀드는 「자본시장법」에 따라 주요 투자대상 자산(펀드 자산의 50% 초과 투자자산)을 기준으로 증권, 부동산, 특별자산, 혼합자산, 단기금융집합투자기구로 구분한 다음 각 펀드별 주요 투자대상자산에 해당 기초자산 관련 파생상품을 포함시킴으로써 파생상품펀드를 별도로 구분하지는 않는다.

「자본시장법」에 의한 펀드의 분류

구분	내용
증권집합투자기구	집합투자재산의 50%이상을 증권 또는 증권을 기초자산으로 하는 파생상품에 투자하는 펀드 ex) 주식형, 채권형, 혼합형
부동산집합투자기구	집합투자재산의 50% 이상을 부동산과 부동산을 기초자산으로 한 파생상품, 부동산 개발과 관련된 법인에 대해 대출, 부동산과 관련된 증권에 투자하는 펀드 ex) 부동산유동화자산(MBS), 주택저당채권, 부동산 개발회사

특별자산집합투자기구	집합투자재산의 50% 이상을 증권과 부동산을 제외한 특별자산에 투자하는 펀드 ex) 사회기반시설에 대한 투자, SOC 펀드
혼합자산집합투자기구	집합투자재산의 운용에서 증권, 부동산, 특별자산 등의 투자대상자산과 관련된 운영비율에 제한을 받지 않고 투자하는 펀드
단기금융집합투자기구	집합투자재산의 100%를 CD(양도성 예금증서), CP(기업어음), 만기 1년 미만의 국고채에 투자하는 펀드

펀드에서 운용사가 취하게 되는 수익과 비용 구조는 '수수료(Commission)' 와 '보수(Fee)'로 구분한다. 수수료란 판매사가 펀드 판매와 관련해서 수취하는 비용과 가입 또는 환매 시 투자자가 지불하는 일회성 비용이며, 보수는 펀드의 운용과 관리에 소용되는 비용으로, 판매회사의 판매보수, 자산운용사의 운용보수 수탁회사, 자산보관회사의 수탁보수 및 일반사무관리보수와 기타비용이 있다. 보수 공제 전 펀드 총자산에 일정률을 곱하여 산출한 후 펀드재산에서 차감하는 계산방식을 취한다. 이렇게 운용된 펀드는 은행, 증권사 또는 운용사 직판 등의 여러 채널을 통해 판매한다.

· 뮤추얼펀드(Mutual Fund)

주식 발행을 통한 투자자 모집으로 형성된 투자자금 운영을 전문운용회사에게 맡기고 발생한 수익을 투자자에게 배당금의 형태로 배분하는 투자회사를 일컫는다. 우리나라에서는 1999년 간접투자상품으로 도입하였으며, 회사형 투자신탁이라고도 한다.

투자자가 직접 매매하는 대신 전문 펀드매니저가 운용하는 간접투자라는 점에서 투신사 수익증권과 비슷하지만, 수익증권이 아닌 회사에 투자하는 것으로 투자자가 곧 주주가 된다는 점이 다르다. 따라서 가입한 투자자도 주식을 나눠 받아 그 주식의 가치가 올라가면 수익이 높아지게 된다.

대표적인 뮤추얼펀드로는 피델리티 마젤란펀드가 있다. 투신사 수익증권이나 은행신탁은 회사와 투자자가 계약을 맺고 돈을 맡기는 형태로 계약형이라 불린다. 뮤추얼펀드는 각각의 펀드가 하나의 독립된 회사(증권투자회사)로 만들어지고 투자자는 여기에 출자하는 방식이므로 회사형으로 불린다.

· PEF(Private Equity Fund, 사모펀드)

소수의 투자자로부터 모은 자금을 운용하는 펀드. 일반 펀드가 금융기관에서 관리하는 것과 달리 사모펀드는 '사인(私人) 간 계약'의 형태를 띠고 있다는 특징이 있다. 따라서 금융감독기관의 감시를 받지 않으며, 운용에 제한이 있는 공모펀드와 달리 자유로운 운용이 가능하다.

· REITs(Real Estate Investment Trusts)

REITs(이하 리츠)는 '부동산투자신탁'을 뜻하는 약어이다. 소액투자자들로부터 모은 자금을 부동산 및 부동산 관련 자본 · 지분(Equity)에 투자, 발생한 수익을 투자자에게 배당하는 회사 혹은 투자신탁으로 증권의 뮤추얼펀드와 유사하다. 주로 부동산개발사업 · 임대 · 주택저당 채권 등에 투자하여 수익을 올리며, 만기는 3년 이상이 대부분이다.

리츠는 설립 형태에 따라 '회사형'과 '신탁형'으로 구분되는데, 회사형은 뮤추얼펀드와 마찬가지로 주식을 발행하여 투자자를 모으는 형태로 투자자에게 일정 기간을 단위로 배당을 하며 증권시장에 상장하여 주식을 사고 팔 수 있다. 신탁형은 수익증권을 발행하여 투자자를 모으는 형태로 상장이 금지되어 있다.

리츠는 주식처럼 소액으로도 부동산에 투자할 수 있어 일반인들도 쉽게 참여 가능하며, 증권화가 가능해 증권시장에 상장하여 언제든지 팔 수 있다. 또한 실물자산에 투자하기 때문에 가격이 안정적이다.

주주들에게 매년 배당가능이익의 90% 이상을 의무적으로 배당하고, 그 수익 또한 부동산의 임대료에서 발생하기 때문에 예금이나 채권보다 상대적으로 높은 수익은 물론 안정적인 운영을 원하는 투자자들이 선호한다.

· SOC 펀드

도로·항만·철도 등 각종 사회기반시설을 투자 대상으로 융자 및 출자, 관련 채권을 매입하는 등의 자금을 조성 및 운용하는 뮤추얼펀드의 한 종류. 기업의 주식이나 채권에 투자하는 일반 뮤추얼펀드와 달리, SOC 사업만을 투자 대상으로 삼으므로 'SOC 펀드' 또는 '인프라 펀드'로 불리며 SOC 부문의 민간투자를 활성화한다.

5 자산운용사의 주요 업무

자산운용사의 업무는 증권사에 비해 비교적 단순하다. 본래 사모펀드와 헤지펀드도 자산운용의 한 파트이지만 여기서는 주로 공모펀드를 중심으로 운용하는 자산운용사를 염두에 두고 내용을 다루었다.

자산운용사의 핵심은 펀드 운용에 있는데 자산운용사 조직도의 구조는 대개 '운용전략'과 '지원 및 경영관리'로 크게 나누어진다. 운용전략에는 자산운용사의 자산을 배분하는 자산배분, 주식운용, 채권운용 등의 팀 또는 부서가 있고 부동산이나 인프라 등의 대체투자는 따로 부서가 존재하기도 하며 회사에 따라서는 같은 부문 내에 있기도 하다. 그 외에는 운용을 지원하는 부서로 리스크관리, 투자오퍼레이션 등의 팀이 있고 준법감시를 제외한 나머지 인사, 경영지원, 정보 IT 등은 경영지원 부문이다.

최근 금융산업에서는 경영지원의 일부 또는 IT 지원실의 하나에 머물러 있던 정보기술과 디지털 분야의 중요성이 점점 커지고 있어 앞으로는 독립부서로 운영될 만큼 비중이 높아지고 지속적인 인력보강이 필요할 것으로 예측되고 있다. 부서와 조직도는 회사의 규모와 전략에 따라 약간씩 차이가 있지만 운용 중심으로 되어 있는 자산운용사의 조직은 거의 비슷하다.

● 자산운용업 업무 분류
① 일선 업무
  • 자산운용 업무
    – 중장기적 관점에서의 전략적 자산배분
    – 투자주식 선정 등 의사결정 및 트레이딩
  • 마케팅 업무
    – 펀드상품의 판매 및 고객의 수요 파악
    – 판매 채널 구축 및 관리
② 부수 업무
  • 수탁 업무
    – 고객 자산의 보관 및 기록관리
    – 고객자산의 평가 및 기준가격 확인, 투자설명서의 적정성 여부 확인
  • 일반사무관리
    순자산 및 기준가격 산정, 고객에 대한 보고서 발송 등

자산운용사의 주요 직무는 NCS(국가직무능력표준)에 잘 제시되어 있다. NCS 24개의 직무수행능력 분류 대분류 중 3번 금융 · 보험 부문의 중분류 〈01. 금융〉, 소분류 〈04. 자산운용〉 파트를 활용하여 설명하고자 한다.

자산운용사는 자체적으로 리서치와 투자전략을 고려하여 주식, 채권, 대체 자산에 투자를 진행하기 때문에 회계, 주식, 채권 펀드 등에 대한 전문 지식 및 실무 지식이 요구된다. 더불어 투자라는 것은 시장상황과 경기 동향에 매우 민감하게 수익 성과가 좌우되므로 경제지표와 시장 흐름을 빠르게 파악하려는 학습과 노력이 지속적으로 필요하다.

만약 자산운용사로의 진로를 희망하고 있다 하더라도 신입으로 입사할 수 있는 기회는 드문 편으로 경력 채용이 주를 이루지만, 아예 신입사원 채용이 없는 것은 아니며 인턴으로 근무하다 입사 기회를 얻게 되기도 한다. 따라서 기업에서 요구하는 전문성과 역량을 갖추어 도전하기를 바란다.

6 / 자산운용사의 부서와 주요 직무

03. 금융 · 보험 (대분류) / 01. 금융(중분류) / 04.자산운용(소분류)	
세분류	능력 단위
펀드운용	펀드 자산배분, 산업별 개별투자대상 분석, 포트폴리오 운용, 위탁운용사 자문사 관리, 주문실행, 펀드 컴플라이언스, 펀드 리스크 관리, 펀드 성과분석, 펀드 회계, 펀드 수탁 관리, 펀드 상품기획, 펀드 등록 관리
주식 · 채권운용	거시경제분석, 산업분석, 계량모형분석, 기업분석, 주식가치평가, 채권가치평가, 주식투자전략 수립, 채권투자전략 수립, 주식 · 채권 포트폴리오 구성, 주식 · 채권 리스크 관리, 주식 · 채권 운용성과 분석, 주식 투자목표 수립
파생상품운용	파생상품 운용목표 수립, 파생상품 운용시스템 개발, 파생상품분석, 파생상품 운용전략 수립, 파생상품 매매실행, 파생상품 매매관리, 파생상품 리스크 관리, 파생상품 컴플라이언스, 파생상품 성과평가, 파생상품 시장분석, 파생상품 거래분석
대체투자	투자시장 분석, 투자전략 수립, 투자자금 모집, 투자 발굴 실사, 투자실행, 투자자산 관리, 투자회수, 투자 사무관리, 투자 성과평가, 투자 리스크 관리
신탁자산관리	신탁자산관리 기획, 금전신탁 관리, 금전채권신탁 관리, 신탁부동산 개발, 실물자산 신탁 관리, 증권신탁 관리, 신탁회계, 신탁 리스크 관리, 신탁자산 보관결제, 신탁상품 기획, 신탁상품 출시

*출처 : NCS 국가직무능력표준 홈페이지(ncs.go.kr/index.do)

NCS(National Competency Standards)란 국가가 기업에서 요구하는 직무능력을 표준화해 놓은 것으로, 해당 업계 전문가들과 직업전문가들이 오랜 시간을 들여 구축해 놓은 역량체계이자 인적자원개발을 위한 국가차원의 대규모 프로젝트다.

역량이란 고성과자들의 행동 특성을 말하는데, NCS에서는 이를 지식, 기술, 자세로 분리해 놓았기 때문에 희망하는 직무가 있다면 NCS를 자세히 찾아보는 노력이 필요하다. 역량이란 기업마다 직급마다 조금씩 다르게 요구되고 있기 때문에 표준화하는 것이 쉽지는 않지만, 자산운용업계는 주요 직무를 잘 분리하여 정리해 놓은 편이다. 직무에 대한 정보뿐만 아니라 자주 언급되는 그 분야의 용어를 익힐 수 있는 것만으로도 경력 초기의 신입이나 취업준비생들에게는 유용한 자료와 정보이다.

NCS 체계에 의하면 보통 세분류를 하나의 직무라고 보는데 그것이 반드시 일치하는 것은 아니다. 위 세분류 내의 펀드운용 등을 하나의 부서에서 담당하기도 하고 주식과 채권 운용은 분리해서 각각의 전문가들이 맡거나 팀이 전담하기도 한다. 포트폴리오와 리스크도 하나의 독립된 직무로 담당자들을 배치하고 있다.

NCS 사이트를 들어가 직무분류표를 자세히 살펴보면 세분류를 이루는 한 개의 능력 단위마다 직무에서 요구하는 지식과 기술, 자세 등이 설명되어 있다. 여기서 컴플라이언스란 준법감시 업무를 말하는데, 부서 내에서 특정 업무에 대한 준법감시가 진행되기도 하지만 자산운용사 뿐만 아니라 모든 금융기관에서는 자격요건을 갖춘 준법감시인 한 명 이상을 반드시 채용해야 한다.

/7/ 금융투자협회

KOFIA; Korea Financial Investment Association

금융투자협회(이하 금투협)는 대한민국 최대의 금융단체로 2009년 자본시장통합법의 시행에 따라 한국증권업협회, 자산운용협회, 한국선물협회가 통합하여 만들어진 자율규제기관이자 한국 자본시장을 대표하는 협회이다. 현재 대한민국에서 정식 인가를 받아 영업하는 모든 증권사, 자산운용사, 선물회사, 신탁회사가 정회원으로 가입되어 있고 준회원과 특별회원이 있다.

금융투자협회 회원의 종류와 회원사 현황

회원 구분	정회원	준회원	특별회원
자격 요건	금융투자인가업자(투자매매, 투자중개, 집합투자업, 신탁업)	• 금융투자등록업자 (투자일임, 투자자문업, 온라인소액투자중개업) • 겸영금융투자업자	• 일반사무관리회사 • 집합투자기구평가회사 • 채권평가회사 • 한국상회사협의회 • 코스닥협회 • 한국예탁결제원 • 협회가입 희망자 중 이사회 승인
비고	증권사, 자산운용사, 선물회사, 신탁회사	투자자문, 은행/외은지점, 보험, 조합, 체신관서, 온라인소액투자중개업, 종금, 증권금융, 외국환중개회사	사무관리회사, 집합투자기구평가사, 채권평가사, 신용평가사, 기타
회원 수	321	109	25

*출처 : 금융투자협회

주요 업무는 회원 서비스 및 금융투자업 발전 지원, 업무질서 유지 및 투자자 보호(자율규제), 교육 및 전문인력관리, 장외시장관리(K-OTC 시장)까지 크게 4가지 카테고리가 있다. 회원사 소식란에서는 정식으로 등록되어 있는 많은 기업들의 소식을 접할 수 있어 정보 수집 차원에서도 도움이 되며, 큰 규모의 공채를 운영하지 않은 증권사 자산운용사 및 기타 금융투자관련 기업들의 채용 공고도 확인할 수 있다. 금투협 공식 홈페이지(kofia.or.kr)에 가 보면 조직도에서 관련 부서를 클릭하는 대로 주요 업무에 대한 소개가 있으므로 해당 부서에 대한 이해가 수월해지고, 자본시장통계에서는 주식, 채권, 파생상품 및 자산관리, 펀드까지 종류별로 상세하게 통계를 볼 수 있다.

금투협에서는 전문인력의 양성과 관리를 위해 금융투자업의 주요 직무 종사자(이하 전문 인력)의 등록과 관리 업무를 담당한다. 「자본시장법」에 의거하여 협회에서 등록과 관리를 담당하는 주요 직무 종사자는 다음과 같다.

금융투자업 관련 전문 인력

전문인력 구분	정의
투자권유 자문인력	• 투자권유를 하거나 투자에 관한 자문업무를 수행하는 자를 말함 • 투자매매업자 혹은 투자자문업자, 투자일임업자는 일정 수 이상을 고용해야 함
조사분석인력	조사분석자료를 작성하거나 이를 심사, 승인하는 업무를 수행하는 자를 말함
투자운용인력	• 집합투자재산, 신탁재산, 또는 투자일임재산을 운용하는 업무를 수행하는 자를 말함 • 집합투자업무, 신탁업자 또는 투자자문업자, 투자일임업자는 일정 수 이상을 고용해야 함
투자권유자문 관리인력	투자권유자문인력을 관리하는 업무를 수행하는 자를 말함

집합투자재산 계산전문인력	영 제276조 제3항에 따르면, 국내외 금융투자회사에서 증권 등, 자산가치의 계산에 관련된 업무 또는 집합투자재산의 보관, 관리업무에 2년 이상 종사한 경력이 있는 자를 말함
집합투자기구 평가전문인력	영 제280조 제2항에 따르면, 국내외 금융투자회사 또는 집합투자기구평가회사에서 증권, 집합투자지구 등의 평가, 분석업무 또는 기업금융업무에 2년 이상 종사한 경력이 있는 자를 말함
집합투자재산 평가전문인력	85조 제3항에 따르면, 금융투자상품을 분석하는 능력을 검증하기 위하여 협회에서 시행하는 시험에 합격한 자 또는 국내외 금융투자회사, 채권평가회사에서 금융투자상품의 평가, 분석업무에 3년 이상 종사한 경력이 있는 자를 말함
신용평가 전문인력	제324조의3 제4항 제1호에 따르면, 금융위원회가 정하여 고시하는 요건을 갖춘 증권 분석·평가업무 경력자를 말함

*출처 : 『한국자본시장론』 제4판 김석진 외

한편 금투협에서는 협회 주관으로 금융투자업에 관련된 여러 자격시험을 운영하고 관리한다. 경영, 경제 및 금융 전공이 아닌 비전공자가 금융투자업 종으로 지원을 희망하는 경우라면 부전공을 준비하거나 학점은행제를 통해 좀 더 깊이 공부하는 것도 좋지만 자격증을 공부하면서 짜여진 커리큘럼에 따라 준비해 보는 것 역시 괜찮은 방법이 될 수 있다. 단, 금투협에서 시행하는 자격증은 관련 교육을 이수해야 하는 경우가 많고 업무종사자만 취득 가능한 자격증도 있으니 참고하자.

금융투자협회 시행 시험

시험 종류	주요 업무
파생상품투자권유자문인력 (Certified Derivatives Investment Advisor)	투자자를 상대로 파생상품, 파생결합증권 및 시장자본법 제4조 제7항 제1호에 해당하는 증권에 대하여 투자권유 또는 투자자문 업무를 수행하는 자(관련 투자자보호교육을 이수한 후 해당 자격시험에 합격한 자만이 업무 수행 가능)

투자자산운용사 (Certified Investment Manager)	집합투자재산, 신탁재산 또는 투자일임재산을 운용하는 업무를 수행하는 자
금융투자분석사 (Certified Research Analyst)	금융투자회사(법 제22조에 따른 겸영금융투자업자는 제외)에서 조사분석자료(금융투자상품의 가치에 대한 주장이나 예측을 담고 있는 자료)를 작성하거나 이를 심사, 승인하는 업무를 수행하는 자
재무위험관리사 (Certified Financial Risk Manager)	금융투자회사에서 금융투자상품 등의 운용과 관련된 재무위험 등을 일정한 방법에 의해 측정, 평가 및 통제하여 해당 회사의 해당 위험을 조직적이고 체계적으로 통합하여 관리하는 업무를 수행하는 자
펀드투자권유대행인 (Fund investment Solicitor)	집합투자증권(파생상품 등을 제외)의 매매를 권유하거나 투자자문계약, 투자일임계약 또는 신탁계약(파생상품등에 투자하는 특정금전신탁계약은 제외)의 체결을 권유하는 자[집합투자증권(펀드)에 대한 매매체결 및 투자자문 업무 종사 불가(펀드투자권유자문인력 시험 합격 필요)]
증권투자권유대행인 (Securities Investment Solicitor)	증권(집합투자증권 및 파생상품등을 제외) 및 영 제7조 제3항 제4호에 해당하는 방법으로 단기금융집합투자기구의 집합투자증권의 매매를 권유하거나 투자자문계약, 투자일임계약 또는 신탁계약의 체결을 권유하는 자[증권(집합투자증권 및 파생결합증권 제외)에 대한 매매체결 및 투자자문 업무 종사 불가(증권투자권유자문인력 시험 합격 필요)]
펀드투자권유자문인력 (Certified Fund Investment Advisor)	투자자를 상대로 집합투자기구의 집합투자증권(펀드)에 대하여 투자권유 또는 투자자문 업무를 수행하는 자(관련 투자자보호교육을 사전 이수한 후 해당 자격시험에 합격한 자만이 업무 수행 가능)
증권투자권유자문인력 (Certified Derivatives Investment Advisor)	투자자를 상대로 파생상품, 파생결합증권 및 시장자본법 제4조 제7항 제1호에 해당하는 증권에 대하여 투자권유 또는 투자자문 업무를 수행하는 자(관련 투자자보호교육을 사전 이수한 후 해당 자격시험에 합격한 자만이 업무 수행 가능)

*출처 : 금융투자협회 자격시험 접수센터 홈페이지(license. Kofia.or.kr)

· 외국환중개회사

외화증권을 제외한 외국환의 매매, 교환, 대여의 중개, 파생금융거래의 중개 또는 이와 관련된 업무를 담당하는 회사이다. 투자자들이 증권거래소에 가서 주식을 사고 팔지 않고 증권사를 통해 거래하듯이 금융기관들은 외국환 중개회사를 통해 외환을 거래한다. 외국환중개회사는 기획재정부의 인가를 받아야 하며 2016년 6월 말을 기준으로 영업 중인 외국환 중개회사는 서울외국환 중개회사, 한국자금중개, KIDB-ICAP 등 10여 개에 달한다.

· 장외시장관리(K-OTC 시장 : Korea Over-The Counter)

비상장주식의 매매거래를 위해 금융투자협회가 「자본시장과 금융투자업에 관한 법률」에 따라 개설 및 운영하는 장외시장. 기존에는 장외시장인 '프리보드'가 운영되고 있었으나, 2014년 8월부로 중소기업을 포함한 모든 비상장법인의 주식을 거래할 수 있도록 'K-OTC'로 확대·개편했다.

주로 비상장 대기업, 중견기업 등 공모실적이 있는 사업보고서 제출대상 비상장법인의 발행 주식이 거래되며 호가 정보와 시세 정보 또한 투명하게 공개된다. 특히 K-OTC 시장은 규제가 최소화되어 있으므로 투자 위험성 등을 충분히 고려해 투자하는 자기책임 원칙이 강조된다.

CHAPTER **04**

보험사

≫ 투자와 생활의 안전망

인간의 가장 모순적인 행동 중 하나는 보험가입을 권유 받으면 사고 발생 위험이 낮다며 거절한 다음 정작 뒤돌아서 바로 복권을 구매하는 것이라 한다. 가능성을 따지고 보면 사고나 질병 발생률은 로또 당첨확률과는 비교도 되지 않을 만큼 훨씬 높은데 말이다.

「보험업법」에서 정의하는 보험상품이란 '위험보장을 목적으로 우연한 사건 발생에 관하여 금전 및 그 밖의 급여를 지급할 것을 약정하고 대가를 수수(授受)하는 계약'이다. 그중 생명보험상품은 '위험보장을 목적으로 사람의 생존 또는 사망에 관하여 약정한 금전 및 그밖의 급여를 지급할 것을 약속하고 대가를 수수하는 계약'이고 손해보험은 '위험보장을 목적으로 우연한 사건(다목에 따른 질병 · 상해 및 간병은 제외)으로 발생하는 손해에 관하여 금전 및 그 밖의 급여를 지급할 것을 약속하고 수수하는 계약'으로 대상과 범위를 구별한다.

사람들은 은행의 저축이나 수익성 좋은 주식 투자 등, 금융상품을 이용하여 재산을 '늘리는' 방향으로만 생각하고 싶어하는 경향이 있다. 하지만 질병, 가족의 사망, 예기치 않은 사고는 오랜 시간 정성을 다해 쌓아 온 희망과 재산을 순식간에 날려버릴 수 있는, 늘 곁에 존재하는 위험요인이다. 이처럼 금융에서는 리스크 관리가 매우 중요하다.

평범한 일상을 갑자기 바꾸어 놓은 코로나19에 관한 속보를 접할 때마다 걱정도 되지만 우리나라 K-방역체계와 대응이 국민의 한 사람으로서 자랑스럽기도 하다. 미국에서 코로나 환자들의 치료에 1인당 최대 40만 달러(약 4억 6,340만 원)의 비용이 든다는 충격적인 기사를 본 적이 있다. 이를 고려할 때 평소 느끼지 못했던 대한민국의 앞선 의료보험체계에 감사할 따름이다. 그러나 이 앞선 의료보험체계 때문인지, 우리나라 대다수의 국민들은 일상에서 보험의 위력을 느낄 기회가 그다지 없는 듯하다. 필자 또한 매년 자동차 보험을 갱신할 때마다 아까운 생각이 들기도 하지만 사고가 없는 해는 목돈으로 나가는 비싼 보험료보다 한 해를 무탈하게 넘겼음에 만족하려 애쓴다.

이번 챕터에서는 금융회사로서 보험회사의 구조와 직무에 대해 알아보고자 한다. 「보험업법」에서 정의하는 '보험업'이란 '보험상품의 취급과 관련하여 발생하는 보험의 인수(引受), 보험료 수수 및 보험금 지급 등을 영업으로 하는 것으로서 생명보험업, 손해보험업 및 제3보험업을 말한다.'고 명시하고 있다. 보험업에서는 이러한 보험의 인수, 보험료 수수 및 지급 지원과 영업 행위가 주 업무를 구성한다. 이에 추가로 통계 기반으로 보험상품을 만드는 계리사라는 전문자격 직무가 있고 보상가액을 산출하는 손해사정, 저축보험료를 자산으로 운용하는 직무 등이 있다. 안전자산을 선호하는 보험사는 주로 채권, 부동산에 투자하는데 보험사의 대표 간판을 내걸고 있는 여의도 63빌딩, 광화문, 강남의 교보타워 등 랜드마크가 되는 초고층 건물들은 '우리 회사가 고객님의 자산을 잘 관리하고 있습니다.'라는 상징이기도 하다. 최근 보험사는 '방카슈랑스'처럼 제휴를 통한 판매 채널의 다각화, 고객의 요구에 맞춘 상품의 다양화를 꾀하고 있으며 급속한 환경 변화에 따라 타 금융기관들처럼 적응을 위해 고군분투하고 있다.

1 / 보험사

대한민국의 보험기관은 생명보험회사 23개사, 손해보험회사 17개사, 유사보험(공제산업), 공영보험 및 기타 재보험사 등이다. 여기서 건설공제조합, 교직원공제회 같은 유사보험 및 공영보험은 다루지 않고 일반적으로 쉽게 접하는 생명보험사와 손해보험사의 차이를 중심으로 비교하여 용어의 법적 해석을 알아보고자 한다.

생명보험과 손해보험은 보험대상과 보상방식에서 크게 구분되며, 이로 인해 상품과 관련된 업무에도 차이가 생긴다. 생명보험은 사람의 생존과 사망이 보험의 대상이고 손해보험은 재산상의 손해를 말한다. 보상도 생명보험은 처음 계약 당시 약정한 정액을 보상하고, 손해보험은 실손 보상이다. 실손 보상 방식의 손해보험은 손해를 입은 만큼 피해액을 산정하여 피해액에 상응하는 보험금을 받기 때문에 손해사정에 따라 보험금의 크기가 달라진다.

똑같은 사망이라 해도 주계약이 일반사망을 기본으로 정액을 약정한 생명보험은 보험금 청구에 별도로 논란의 여지가 없다(자살의 경우는 보험가입 이후 2년이 지난 후에 일반사망 보험금만 수령 가능). 그러나 손해보험은 상해 중심으로 설계되어 있기 때문에 사망의 원인이 중요하다. 손해보험은 사고 발생 시, 원인이 되는 피해 산정 정도에 따라 보험금 수령 여부와 받는 금액에도 차이가 있어 논란과 분쟁의 여지가 많다. 대개는 일반 사망을 중심으로 기본계약이 되어 있는 생명보험상품들의 보험료가 비싼데 이는 보험상품을 만들고 보험료를 책정하는 기준이 발생원인에 대한 확률과 통계에 근거하여 산출되기 때문이다. 그래서 보험 가입 시에는 본인에게 맞는 보험을 선택하기 위해 약관을 꼼꼼히 살펴보아야 한다.

생명보험사에서 취급하는 상품으로는 보장성 보험과 저축성 보험이 있다. 보장성 보험은 사망, 질병, 각종 재해 등의 위험에 대비하는데 비교적 적은 보험료로 큰 보장을 받을 수 있다. 암 보험이나 종신 보험이 대표적인 보장성 보험이다. 저축성 보험은 위험보장보다는 저축 기능을 강화한 것으로 연금보험이 대표적인 저축성 보험이다. 보험사의 저축성 보험은 대개 만기가 5년 이상, 장기로 운영되어 비과세 혜택을 받는 경우가 많다. 생명보험사는 장기 저축성 보험도 많고 보장성 보험도 손해보험 대비 저축보험료 비중이 높아 손해보험사보다 장기로 운영할 수 있는 자산의 규모가 크다. 또한 보험사는 은행처럼 담보대출, 신용대출을 취급하기도 한다.

손해보험은 보험인수 과정과 보험금 산정의 손해사정 업무 모두 절차가 까다롭고 복잡하다. 손해보험사에 개인이 가입할 수 있는 질병, 상해 등의 보험상품에는 생명보험사보다는 비교적 싼 보험료로 가입할 수 있는 다양한 상품들이 있다. 하지만 무엇보다 개인이나 기업 입장에서 자동차보험, 해상, 화재 보험처럼 반드시 가입해야만 하는 필수 보험들이 손해보험사의 보험상품들이다. 은행이나 증권사와 같은 타 금융기관의 금융상품에 비해 위험이 닥치기 전까지 가입에 대한 절실함이 없고, 건강하거나 위험이 닥치기 전에만 가입할 수 있는 보험의 특성 때문에 홍보와 대중매체를 통한 광고 및 마케팅 활동이 매우 활발하다. 따라서 보험사는 홍보부서의 기능이 강한 편이다.

보험 종류에 따른 차이

구분	생명보험	손해보험	제3보험
보험대상	생존 또는 사망 (인보험)	재산상의 손해 (물적 사고)	간병, 질병, 상해
보험기간	장기 (7년, 10년, 20년, 종신)	주로 단기 (1년, 3년 등)	장기&단기
보상 방식	정액 보상	실손 또는 비례 보상	정액&실손 보상
취급상품	질병보험, 암보험, 장기 저축성 보험	자동차보험, 상해·질병보험, 화재보험, 해상보험, 의료비 실손보험	건강보험, 장기간병보험 정액 보상&실손 보상
비고	생명보험사만 판매 가능	• 손해보험사만 판매 가능 • 보험료 저렴, 소멸성 많음	생명보험사·손해보험사 모두 취급 가능

● 법률상 「보험업법」에서 정의하는 용어의 뜻

• '보험설계사'란 보험회사 보험대리점 또는 보험중개사에 소속되어 보험계약의 체결을 중개하는 자(법인이 아닌 사단과 재단을 포함)로서 제84조에 따라 등록된 자를 말한다.
• '보험대리점'이란 보험회사를 위하여 보험계약의 체결을 중개하는 자(법인이 아닌 사단과 재단을 포함)로서 제87조에 따라 등록된 자를 말한다.
• '보험중개사'란 독립적으로 보험계약의 체결을 중개하는 자(법인이 아닌 사단과 재단을 포함)로서 제89조에 따라 등록된 자를 말한다.
• '모집'이란 보험계약을 중개하거나 대리하는 것을 말한다.

• 유사보험(Quasi-Insurance)

유사보험은 위험을 담보로 한다는 점에서 보험과 동일하지만, 특정 지역 및 업종에 종사하는 조합원을 대상으로 소규모의 형태로 위험담보기능, 금융기능 등의 상호부조적 성격을 갖기 때문에 소관부처의 감독을 받으면서 운영되어 왔다. 농협공제, 우체국보험 등의 경우 민영보험사와 대등한 수준의 업무를 영위하고 있음에도 건전성 등에 대한 감독을 받지 않아 향후 금융시장의 불안요인으로 작용할 우려가 지속적으로 제기되어 왔다. 한편, 한미 FTA 협상과정에서도 민영보험과 유사보험 간 규제형평성 문제 등이 주요 쟁점사항으로 대두되었으며, 이에 따라 4대 공제(농협, 수협, 신협, 새마을금고)에 대하여 지급여력규제를 적용하고, 우체국보험에 대하여는 금융위원회가 기초서류 개선 권고권을 보유하도록 하는 내용 등이 포함된 협정안이 체결되었다.

• 공영보험(public Insurance)

보험사업은 보험자의 경영주체에 따라 민영보험과 공영보험으로 대별할 수 있는데, 이중 공영보험은 국가, 지방자치단체, 또는 공법인에 의해 경영되는 보험이다. 공영보험은 크게 국가가 법률로서 그 조직을 정해놓고 국가 자신이 보험자가 되어 국가기관을 통해 직접 보험사업을 경영하는 '직접국영보험', 국가가 직접 보험사업을 경영하지 않고 그 보험의 전반적인 조직과 제도를 법령으로 규정하되, 그 경영을 건강보험조합, 건강보험관리공단, 연금관리공단, 수출입은행 등 특정한 기관에 맡기는 '간접국영보험'의 두 가지 형태로 구분된다.

• 재보험(Reinsurance)

재보험사가 대가(보험료)를 받고 원보험 증권을 발급한 보험회사의 보험증권 아래 지급하게 되는 손해의 전부 또는 일부에 대하여 보상할 것을 약속하는 거래를 말한다. 재보험은 주로 위험의 분산과 인수능력의 극대화를 위해 활용되고 있다. 보험회사가 순자산이 충분하지 않아 보험금액의 전부를 보유하기가 불가능할 경우, 일정금액만 보유하고 나머지 금액은 재보험으로 출재하여 위험을 분산함으로써 보험회사는 보험금액의 전부를 인수할 수 있다.

2 / 보험사의 주요 직무

이 장에서는 보험사의 주요 직무를 NCS에 기반하여 소분류 단계에서 보험상품개발, 보험영업·계약 및 손해사정 부분을 주로 살펴볼 것이다. NCS 분류상에는 생명보험과 손해보험 업무에 큰 차이가 없어 보이나 실제로는 상이한 부분이 많다.

03. 금융·보험 (대분류) /02. 보험(중분류)		
소분류	세분류	능력 단위
01. 보험상품개발	01. 보험동향 분석	거시 경제 분석, 금융 산업 현황 분석, 보험 소비자 수요 분석, 국내외 보험 시장 현황 분석, 보험 상품 시장성 분석, 상품개발 전 리스크 분석, 재보험 활용 전략 수립, 보험 상품 마케팅 전략 수립, 보험 상품개발 제안서 작성, 상품관련 보험회사의 사회적 책임 전략 수립
	02. 보험상품개발	보험상품개발 전략 수립, 시장 니즈 분석, 보험 상품 디자인, 보험 위험률 개발, 상품개발안 설정, 보험 상품 인가, 보험 판매 준비, 상품 모니터링
	03. 보험계리	보험통계 관리, 최적가정 결정, 보험 계약 부채 평가, 손익분석, 회사가치 평가, 지급여력 적정성 관리, 리스크 관리, 계약자 배당 관리, 계리 경영 관리, 퇴직연금 계리, 재보험 기획 관리

02. **보험영업** **· 계약**	01. 보험모집	판매전략 수립, 영업지원 툴개발, 교육 기획, 판매기법 교육, 고객 상담 준비, 고객 상담, 판매 후 사후관리, 모집활동 지원, 청약업무 지원
	02. 보험계약 심사	신체적 인수위험평가, 환경적 인수위험평가, 재정·도덕적 인수위험평가, 손해보험 인수위험평가, 손해보험 인수조건결정, 심사업무관리, 심사업무지원, 재보험 운영관리, 역선택 방지, 인보험 인수기준 수립, 재물보험 인수기준 수립
	03. 보험계약 · 보전	계약보전 전략수립, 계속보험료 입금관리, 계약내용 변경, 계약유지 안내장 관리, 보유고객 정보관리, 통계관리, 세금관리, 보험계약 채권관리, 지급금 기준 수립, 지급금 관리
	04. 위험관리	정보보호, 위험처리, 금융사고관리, 평가기준 개선, 위험관리 교육, 재물보험 위험분석, 인보험 위험분석
03. **손해사정**	01. 재물 손해 사정	사고접수, 계약내용 확인, 현장조사, 보험금 사정, 민원처리, 보험자대위, 재보험, 소송 처리, 재물손해사정 기획관리, 적하·항공보험 손해액 산정, 선박보험 손해액 산정, 특종보험 손해액 산정, 화재보험 손해액 산정
	02. 차량 손해 사정	사고접수, 계약내용 확인, 피해물 관리, 고객안내 서비스, 민원처리, 구상처리, 차량 손해액 기획 관리, 차량사고 현장조사, 기타 피해물 현장조사, 차량 손해액 산정, 특수차량 손해액 산정, 기타 피해물 손해액 산정
	03. 신체 손해 사정	보험사고 접수, 메디칼 심사, 민원처리, 재보험, 소송처리, 구상처리, 신체 손해사정 기획관리, 인보험 현장조사, 배상책임 현장조사, 보험금 심사, 보험금 산출, 합의금 산출요소 파악

*출처 : NCS.go.kr/index.do

    NCS 기반으로 나오는 직무는 그 산업 분야의 중점 직무를 분류한 것이기 때문에 기업의 일반적인 경영지원 업무(IT, 인사, 총무 등)는 따로 언급하지 않았다. 보험사의 자산운용 부문도 앞서 3챕터에서 자산운용업에 대해 다루었기 때문에 여기서는 제외했다. 하지만 보험사 자산운용부서는 인재들이 모여 있는 핵심 부서이기도 하다. 자산운용사의 운용전문역과 보험회사 자산운용부서 운용역은 종종 서로 회사를 옮겨 이직하기도 한다.

보험사의 대표적인 판매채널은 보험설계사 조직이다. 하지만 인터넷과 IT 기술의 발달로 보험도 사이버창구와 콜센터를 통한 가입이 쉬워졌고, 보험설계사들이 한 보험회사에 소속되어 자사 보험상품만을 취급하는 것에서 벗어나, 보험판매회사에서 여러 보험사의 상품을 비교 분석하여 가입을 권고하기도 한다. 보험의 판매 방식과 소비자 선택의 폭 또한 다양해졌다. 시중은행들도 저금리시대에 예대마진 수익에 한계가 있기 때문에 비이자수익을 위한 방카슈랑스 상품개발과 판매에 열을 올리고 있다.

보험사에서는 보험을 인수하는 계약심사 업무가 있는데 이를 언더라이팅(Underwriting)이라고도 한다. 보험은 위험을 대비해 사전에 준비하는 것인데, 이미 사고가 일어났거나, 위험률 대비 보험료가 너무 적게 책정되었거나, 또는 문제가 되는 질병에 걸린 상태로 가입을 시도해 다른 보험 계약자에게 피해를 입힐 수 있으므로 인수 담당자는 계약사항을 꼼꼼하게 검토해야 한다. 고객의 의도적인 보험가입을 역선택(Adverse Selection)이라 하는데, 정보의 비대칭이 있을 때, 즉 거래의 당사자 중 한쪽에만 정보가 있는 상황에서 바람직하지 못한 상대방과의 거래를 말하며, 보험사는 이러한 역선택 방지를 위해 항시 노력한다. 보험을 인수하는 것은 보험금을 지급하는 것만큼이나 까다롭게 관리해야 하는 과정이기도 하다.

· 보험계리사

보험수리와 관련된 제반 업무를 수행하는 자를 보험계리사라 하며, 주로 보험사의 보험료 및 책임준비금 산출 및 작성, 잉여금의 배분 처리 및 보험계약자의 배당금 배분에 관한 산출 업무 등을 한다. 시험은 금융감독원에서 실시하고 보험개발원이 위탁받아 수행하는데 1, 2차 시험 합격 및 실무실습 후 보험계리사로 등록이 가능하다.

보험계발원에서는 이외에도 금융감독원에서 실시하는 손해사정사와 보험중개사 시험도 위탁받아 수행하는데, 손해사정사 역시 시험합격 이후 일정 기간의 수습을 수행한 후에야 금융감독원에 등록, 자격을 취득하게 된다.

3 생명보험협회 & 손해보험협회

앞서 타 분야에서도 강조했지만 협회 홈페이지에는 관련업계를 파악하는 데 유용한 알짜 정보와 일반인들이 미처 알지 못하는 업계 전반에 대한 주요 내용 및 기사들이 실려 있다. 취업준비생들의 경우, 채용 시즌에는 시간에 쫓기다 보니 지원하는 회사 홈페이지만을 보고 입사지원서를 작성하거나 면접에 임하게 되는 경우가 더러 있다. 빠른 시간 내에 업계의 주요 이슈를 볼 수 있는 곳이 협회 홈페이지이고 더불어 회원사와 회원사들에 대한 정보를 파악하는 데도 도움이 된다. 채용정보도 자주 올라오는 협회 홈페이지를 부디 십분 활용하기 바란다.

생명보험협회	www.klia.or.kr
손해보험협회	www.knia.or.kr
생명보험협회&손해보험협회	cont.knia.or.kr/main.knia

❶ 생명보험협회(Korea Life Insurance Association)

생명보험업계와 보험가입자의 권익보호, 건전한 보험문화 확산, 합리적인 보험정책 수립지원 등 생명보험산업의 발전을 위해 1950년에 비영리 사단법인으로 설립되었다. 현재 본사는 서울특별시 중구 충무로에 있다.

주요 업무는 회원사 정책지원, 생명보험설계사 관련 업무 수행(생명보험설계사 자격시험 실시 및 등록, 말소 관리, 설계사 교육지원 및 자격 시험문제 출제 등), 생명보험소비자 보호 및 상담활동(보험민원 및 상담업무 운영, 역선택 방지를 위한 계약정보교환시스템 운영 등), 통계 및 도서 발간, 공동홍보활동이다.

생명보험협회 홈페이지에는 소비자를 위한 소비자포털과 나의 보험을 찾아주는 보험가입조회 서비스, 보험모집종사자의 등록 및 말소 서비스 등이 제공되고 있다. 소비자포털을 통해 보험가입상황 등 소비자 입장에서 이용해 볼 수 있는 내용도 있다. 이런 협회 사이트에서는 보도자료와 회원사소식을 통해 해당 업계의 다양한 소식을 신속하게 볼 수 있다. 생명보험은 가입자가 스스로 피보험자가 되어 본인의 질병이나 상해, 연금에 대한 혜택을 받지만 피보험자의 사망으로 인해 피보험자의 가족에게 보험금 상속이 발생하기도 한다. 생명보험&손해보험(cont.knia.or.kr)에서는 생명보험과 손해보험을 통합해서 조회가 가능하다.

❷ 손해보험협회(General Insurance Association of Korea)

보험회사의 상호 간 업무질서 유지와 손해보험사업의 건전한 발전을 도모하기 위해 1948년에 설립되었다. 손해보험협회는 2021년 기준 서울 수송동 코리안리빌딩에 자리잡고 있다. 1950년에 설립된 중앙은행인 한국은행의 전신이 일제강점기에 세워진 조선은행이라고는 하지만 국내 손해보험의 역사 또한 상당히 빨리 시작되었다고 볼 수 있다.

주요 기능은 소비자보호, 손해보험에 관한 제도개선 연구, 손해보험 모집에 관한 연구, 손해보험에 관한 조사, 통계와 전산화, 재해방지 및 손해경감에 관한 조사 및 연구와 손해보험에 관한 홍보와 상담이다.

손해보험협회 홈페이지에서도 소비자포털 운영하여 손해보험에 대한 정보를 확인하고 금융분쟁과 가입 및 보상에 대해 쉽게 찾아볼 수 있도록 서비스를 하고 있다. 협회 소비자 포털에서 보험회사로 직접 보험상담을 접수하는 것 또한 가능하다.

장기손해보험상품별 주요 내용

화재보험	화재로 인한 재물에 생긴 손해를 보장하는 보험
종합보험	재물손해, 신체손해, 배상책임손해 보장 중 두 가지 이상의 손해를 보장하는 보험
상해 · 질병보험	보험기간 중 발생한 상해 및 진단 확정된 질병 위험 등을 보장하는 보험
간병보험	활동불능 또는 인식불명 등 타인의 간병을 필요로 하는 상태 및 이로 인한 손해를 보장하는 보험
비용보험	비용 발생으로 인한 금전적 손해를 보장하는 보험
실손의료보험	질병, 상해로 입원(또는 통원) 치료 시 소비자가 실제 부담한 의료비를 보상하는 보험

*출처 : 손해보험협회

국내 생명보험사

한화생명	서울특별시 영등포구 63로50 한화금융센터	www.hanwhalife.com
ABL생명	서울특별시 영등포구 의사당대로 147	www.abllife.co.kr
삼성생명	서울특별시 서초구 서초대로 74길11	www.samsunglife.com
흥국생명	서울특별시 종로구 새문안로 68(신문로1가)	www.heungkuklife.co.kr
교보생명	서울특별시 종로구 종로1(종로2가)	www.kyobo.co.kr
DGB생명	서울시 중구 남대문로 125(다동85)	www.dgbfnlife.com
미래에셋생명	서울시 영등포구 국제금융로 56 미래에셋생명	www.life.miraeasset.com

KDB생명	서울특별시 용산구 한강대로372 KDB생명타워	www.kdblife.co.kr
DB생명	서울특별시 강남구 테헤란로432 DB금융센터	www.idblife.com
동양생명	서울특별시 종로구 종로 33(청진동) 그랑서울	www.myangel.co.kr
메트라이프생명	서울시 강남구 테헤란로 316 메트라이프타워	www.metlife.co.kr
푸르덴셜생명	서울특별시 강남구 강남대로 298 푸르덴셜타워	www.prudential.co.kr
신한생명	서울특별시 중구 삼일대로 358(을지로2가)	www.shinhanlife.co.kr
처브라이프생명	서울시 강남구 테헤란로 322 한신인터밸리 23, 동관	www.chubblife.co.kr
오렌지라이프생명	서울특별시 중구 세종대로7길37 오렌지센터(순화동)	www.orangelife.co.kr
하나생명	서울시 중구 을지로66	www.hanalife.co.kr
BNP파리바카디프생명	서울특별시 중구 후암로 110 서울시티타워3-4층	www.cardif.co.kr
푸본현대생명	서울특별시 영등포구 여의나루로57 푸본현대생명	www.fubonhyundai.com
라이나생명	서울특별시 종로구 삼봉로 48, 시그나타워	www.lina.co.kr
AIA생명	서울시 중구 통일로 2길16(순화동 216) AIA Tower	www.aia.co.kr
KB생명	서울시 영등포구 국제금융로2길28 KB금융타워 2층	www.kbli.co.kr
NH농협생명	서울특별시 서대문구 통일로87 농협생명보험주식회사	www.nhlife.co.kr/main.nhl
IBK연금보험	서울특별시 중구 칠패로 37 HSBC빌딩 18층	www.ibki.co.kr
교보라이프플래닛	서울시 영등포구 국제금융로 6길 11	www.lifeplanet.co.kr

*출처 : 생명보험협회

손해보험사&재보험사

메리츠화재	서울특별시 강남구 강남대로 382(역삼동)	www.meritzfire.com
한화손해보험	서울특별시 영등포구 여의대로 56	www.hwgeneralins.com
롯데손해보험	서울특별시 중구 소월로 3(남창동)	www.lotteinsumall.com
MG손해보험	서울시 강남구 테헤란로 335(역삼동, MG손해보험빌딩)	www.mggeneralins.com
흥국화재해상보험	서울특별시 종로구 새문안로68(신문로2가)	www.heungkukfire.co.kr
삼성화재	서울특별시 서초구 서초대로 74길 14	www.samsungfire.com
현대해상화재보험	서울특별시 종로구 세종대로 163(세종로)	www.hi.co.kr
KB손해보험	서울특별시 강남구 테헤란로 117(역삼동)	www.kbinsure.co.kr
DB손해보험	서울특별시 강남구 테헤란로 432(대치동)	www.idbins.com
코리안리재보험	서울특별시 종로구 종로5길68(수송동)	www.koreanre.co.kr
서울보증보험 주식회사	서울특별시 종로구 김상옥로29(연지동)	www.sgic.co.kr
AXA손해보험	서울시 용산구 한강대로71길 4, 한진중공업빌딩 11층	www.axa.co.kr
AIG손해보험	서울시 영등포구 국제금융로10, 국제금융센터Two IFC 25	www.aig.co.kr
NH농협손해보험	서울특별시 서대문구 충정로 60 농협손해보험주식회사	www.nhfire.co.kr
하나손해보험	서울특별시 종로구 창경궁로 117	www.educar.co.kr
BNP파리바카디프 손해보험	서울특별시 중구 삼일대로 358 신한L타워	www.cardifcare.co.kr
에이스아메리칸 화재해상	서울시 종로구 종로1길 50 더케이트윈타워 B동 7층	www.chubb.com
캐롯손해보험	서울특별시 중구 을지로 100 파인에비뉴 B동 20층	www.carrotins.com
퍼스트어메리칸 권원보험	서울특별시 마포구 마포대로 4다길 41(마포타워14층)	www.firstam.co.kr
뮌헨재보험 (Munich Re)	서울 종로구 우정국로26 센트로폴리스빌딩 A타워19층	www.munichre.com

제네럴재보험	서울특별시 중구 태평로1가 64-8 광화문빌딩 18층	www.genre.com
스위스리아시아 한국지점	서울시 종로구 세종대로 149, 광화문빌딩 19층	www.swissre.com
미쓰이스미토모 해상화재보험	서울시 중구 을지로5길26, 미래에셋센터원 서관 18층	www.ms-ins.co.kr
SCOR	서울시 중구 을지로5길 26번지 센터원빌딩 서관23층	www.scor.com
RGA	서울시 중구 세종대로 136, 파이낸스빌딩9층	www.rgare.com
하노버재보험	서울시 종로구 새문안로92, 광화문오피시아4층 414호	www.hannover-re.com
퍼시픽라이프리	서울특별시 종로구 종로5길7 타워8 8층	www.pacificlifere.com
아시아캐피털 재보험	서울시 종로구 종로3길 17 D타워 D1 7층	www.catalinare.com

※ 외국보험사 국내 지점 포함
※ 손해보험협회 정회원/준회원/비회원

*출처 : 손해보험협회

4 / 보험개발원 & 보험연구원

보험개발원	www.kidi.or.kr
보험연구원	www.kiri.or.kr

❶ 보험개발원   KIDI; Korea Insurance Development Institute

보험개발원은 보험소비자의 권익 보호와 보험산업의 발전을 위해 1983년 설립된 보험종합전문서비스 기관으로 서울 여의도에 위치하고 있다. 보험개발원은 협회처럼 사원사로 국내 생명보험사와 손해보험사들이 있고 소속기관으로 자동차기술연구소를 운영하고 있다.

주요 업무는 순보험료율의 산출 · 검증 및 제공, 보험 관련 정보의 수집 · 제공 및 통계 작성, 보험에 대한 조사연구, 보험수리이다. 또한, 금융감독원에서 주관하는 보험계리사, 손해사정사 시험을 위탁받아 시행한다. 만약 매년 갱신해야 하는 자동차보험에서 지불해야 하는 보험료를 보고 살짝 의아하다면 내 보험료의 할인 및 할증요인을 보험개발원의 자동차보험료 할인 · 할증요인 조회시스템에서 알아볼 수 있다.

보험개발원은 2020년 하반기에 보험업무, IT 업무, 자동차기술 분야에 정규직 신입사원을 채용하기도 했다.

❷ 보험연구원   KIRI; Korea Insurance Research Institute

보험연구원은 1995년 보험연구소로 출발하여 2008년에 지금의 보험연구원으로 개원하였다. 보험을 중심으로 한 금융제도 전반에 대한 연구와 발전 방향 제시 및 실천적 대안을 통해 보험산업의 발전에 기여하기 위해 설립되었고 2021년 기준 서울 여의도 국제금융로에 자리잡고 있다.

보험연구원은 일반적인 보험 정보, 소식, 업계의 동향보다는 보험 분야에 대한 학술적 관심으로 자료를 찾아보는 곳으로, 학술 연구보고서가 많으며 유튜브(YouTube)로 보험 분야에 관련된 세미나를 온라인으로 중계한다. 보험연구원에서는 보험금융, 보험동향, 보험 관련 판례와 분쟁 사건을 살펴볼 수 있는 간행물을 정기적으로 발간하며 홈페이지에서 쉽게 확인할 수 있다. 홈페이지 관련사이트에서는 해외보험기관을 찾아볼 수 있고 해외보험동향에 대한 간행물도 발간하고 있다.

보험연구원은 비록 연구 분야에서 전문인력을 충원하기는 하지만 연구원의 특성상 채용이 많은 곳은 아니다.

CHAPTER 05

금융권 채용과 면접 포인트

» 금융권의 이슈와 금융시장의 구조적 변화

21세기 금융시장은 매우 빠르게 변화하고 있다. 무엇이 이런 현상을 야기했을까? 금융소비자들이 필요로 하는, 전통적인 자금거래가 이루어지는 금융시장(Financial Market)의 범위가 넓어졌다는 점에 착안하여 생각을 해봐야 할 것 같다.

금융은 금전에 대한 채권, 채무관계를 발생시킨다. 금융에 따른 채권과 채무관계를 포함하고 있는 증서를 금융자산이라고 하는데 주식, 채권, 은행예금, 보험증서 등이 금융자산에 해당된다. 하지만 최근 비트코인(BITCOIN)과 같은 가상 화폐 이슈에 대해 다양한 해석들이 나오는 등, 빅테크 기업들의 등장으로 기존의 우리나라 금융시장의 틀이 빠르게 변화하고 있다. 이제는 빅테크 기업들의 성장을 무시할 수 없음을 기존 금융기업들 또한 인지하고 있으며, 이는 최근 고용에 있어 금융권 포지션을 확인해 보면 바로 알 수 있다.

2022년 하반기 은행권 채용은 최근 상황과는 조금 다른 행보를 하고 있다. 이런 기조는 2023년 은행권의 구직 환경에도 영향을 줄 것으로 보인다. 미국의 금리 인상으로 국내 금융시장의 위기감이 감도는 것은 부정할 수 없는 현실로, 그렇다면 다음의 은행권 채용이 지니는 구직시장에서의 긍정적 요인은 무엇보다 정권의 영향이 조금 반영된 것으로 보인다.

불과 얼마 전까지만 해도 채용에 대한 불확실성이 팽배했던 시중은행들의 움직임을 보면서 이런 환경은 당분간 지속되지 않을까 싶다. 하나은행의 경우 하반기 신입행원 채용을 300명 규모로 진행한다고 밝혔다. 하나은행만이 아니다. KB국민은행의 경우도 전년도 수준의 270명의 신입직원을 채용한다고 발표하였다. KB국민은행 관계자는 "디지털 금융 환경 변화에 대응하기 위해 ICT(정보통신기술) 부문과 핵심성장(IB, 자본시장) 부문은 수요에 따라 수시 채용을 진행하고 있다"고 했다. 신한은행은 2022년 하반기 일반직 신입행원 등 400명을 선발하는 공개 채용을 시작했다. 지난해 하반기 신입행원 채용 규모보다 대폭 증가한 것이다. 신한은행은 신입행원 외에도 경력직, 전문인력, 퇴직직원 재채용 등을 더해 하반기

금융권 최대 규모인 700명 수준의 채용을 진행할 계획이다. IBK기업은행도 금융일반, 디지털, 금융전문 · 글로벌 등의 분야에서 신입행원 160명을 뽑는 하반기 공채에 돌입했다.

취업준비생 여러분들은 시대의 흐름을 거스르면 안 된다. 우리들을 포함한 대다수의 사람들은 '지금 필요한 역량이 무엇인가?'에 대한 답을 찾지 못하고 있다. 따라서 기존의 선배들이 지나온 길을 같은 패턴으로 준비하면 뜻하는 곳에 취업을 할 수 있다고 막연하게 생각한다. 하지만 이러한 생각은 결과적으로 안일한 선택을 하려는 것과 같다.

필자가 강조하는 내용이 무엇이고 또 왜 강조하려는지를 생각하고 준비하여 본인이 지닌 전문성을 어필하지 못하는 등, 좋은 기회를 날리는 일은 없도록 해야 한다. 이제부터 금융권 취업준비생에게 입사선호도가 가장 높은 국내 은행의 인재상을 확인하여 은행에서 원하는 인재상이란 과연 어떤 것인지, 필자와 함께 알아보도록 하자.

1 / 금융권 핵심 용어 이해 및 주요 이슈

최근 이슈를 통해 성과를 만들어 낼 수 있는가?

'스스로 찾아서 일을 할 수 있는 인재'를 금융회사는 원한다. 이것은 과거나 현재나 크게 다르지 않은 사실로, 아마 어느 산업에서라도 위의 기본적인 명제는 변하지 않을 것이다. 기업이 인재를 보는 관점은 사실 정해져 있는 셈이다. 지금과 같은 21세기에 그저 위에서 시키는 대로 일하려는 사람은 결과적으로는 기계가 시키는 일을 수행하는 것에 만족해야만 한다.

최근 산업 분야를 막론하고 DT(Digital Transformation) 직무에 대한 중요성이 강조되고 있다. DT란 디지털 기술의 급격한 발전으로 인한 혁신적인 발전 방식을 뜻하는 것으로, 비즈니스 동향, 전략, 사례, 솔루션, 서비스, 플랫폼의 혁신을 포함한다.

이미 KDB산업은행, IBK기업은행, 하나은행, KB국민은행, 한국장학재단 등 상당수의 금융기업에서는 직원 채용 시 다양한 형태로 위의 DT와 관련된 사항을 체크했다고 한다. 이는 '연결'과 '데이터'를 활용해 성과를 만들어 내야 하는 상황이 도래했다는 것을 말하는 것으로, 금융시장에서는 받아들일 수밖에 없는 흐름이기도 하다.

금융의 디지털 탈바꿈에 대한 5가지 키워드

① 플랫폼 비즈니스 경쟁력 강화

'빅테크 기업과 대형 금융회사들의 자체 플랫폼 비즈니스 경쟁'
'블록체인 기반의 신규 비즈니스 출범'

빅테크 기업과 대형 은행들의 자체 플랫폼 내에서 거래될 디지털머니와 전자지갑 등 플랫폼 비즈니스의 경쟁이 본격화될 전망이다. 플랫폼 비즈니스를 기반으로 출발한 빅테크 기업들은 이미 인공지능, 빅데이터, 클라우드 등을 활용할 수 있는 디지털 경쟁력을 갖추고 있다. 게다가 전통적인 은행업에서는 상상도 하지 못했던 무료서비스 및 플랫폼 비즈니스 모델을 수년간 운영하며 쌓아온 노하우를 경쟁력으로 시장에서 강자로 자리매김하기 위한 노력을 계속하고 있다.

빅테크 기업의 가장 큰 경쟁력은 이미 은행 고객 수 이상으로 확보하고 있는 대규모의 사용자 네트워크이다. 따라서 이에 대응하기 위해 은행들은 통신, 유통 등 다양한 분야와 협업하여 새로운 비즈니스 경쟁력을 확보하고자 노력하고 있으며, 그 첫걸음이 바로 플랫폼 비즈니스의 강화하고 할 수 있다.

전세계 약 24억 명의 사용자를 가진 페이스북은 블록체인을 기반으로 한 디지털머니 '리브라'를 출시해 송금, 결제 등 금융거래 전반에 활용하겠다는 계획을 밝혔다. 세계적 금융회사인 제이피모건 또한 기업 간 송금 및 채권 거래에 사용할 디지털머니 발행을 예고하였으며, 카카오의 블록체인 플랫폼인 '클레이튼'에서 발행된 디지털머니는 금융거래를 비롯해 게임, 유통 등 다양한 서비스에서 현금처럼 사용이 가능하다. 네이버의 자회사 '라인'도 디지털머니를 주고 받을 수 있는 전자지갑(링크미)과 자체 코인(링크)을 출시했다.

　이에 맞서 국내 은행들 역시 디지털머니 사업에 박차를 가하고 있다. 하나은행의 경우 디지털머니(하나머니)를 통해 해외주식을 매입할 수 있는 서비스를 시행하고 있으며, KB국민은행과 신한은행, 우리은행 또한 블록체인을 기반으로 한 전자지갑과 디지털머니 사업을 준비 중이다.

주요 은행 디지털머니 사업추진 현황

은행명	사업 내용
하나은행	디지털머니(하나머니) 결제 영역 확장(해외 주식 매입 등)
KB국민은행	서울 마곡동 LG사이언스파크에 디지털머니 '마곡페이' 도입 및 확산 추진
신한은행	디지털자산 보관 모바일 금고 서비스 개발완료 및 상용화 추진
우리은행	디지털머니 '위비코인' 개발 완료, 상용화 미정
NH농협은행	디지털머니 사업 과제 논의 중

② 오픈뱅킹 서비스 차별화에 집중

'금융 데이터 개방으로 핀테크 기업과 경쟁'
'은행의 핵심이 계좌 중심에서 서비스중심으로 진화'

　모든 혁신은 내부에서 이루어진다고 여겨지던 과거와 달리 오늘날의 금융회사들은 외부에서 혁신을 찾고 있다. 외부에서 혁신을 찾는 대표적인 예로는 오픈뱅킹을 꼽을 수 있다. 오픈뱅킹 서비스의 핵심은 금융 데이터의 개방으로 인한 혁신적인 비즈니스 창출과 금융서비스 영역 확장이며, 이것은 기존의 강력한 지배력이었던 계좌의 정보라는 틀을 완전히 무너뜨릴 수 있는 서비스로의 전환을 야기했다.

2019년 12월 18일에 시작된 오픈뱅킹 서비스에는 16개 은행, 31개 핀테크 기업 등 47개 기관이 참여했으며, 이후에도 핀테크 기업이 순차적으로 참여할 예정이다. 오픈뱅킹의 등장으로 기존 은행 간 경쟁은 핀테크 업체 및 ICT 기업과의 경쟁으로 확대되었으며, 동시에 오픈뱅킹을 기반으로 하는 플랫폼 확장 경쟁 또한 심화될 것으로 전망되고 있다.

핀테크 기업들의 경우 오픈뱅킹 환경에서 사업 종류별로 다양한 혜택과 서비스 창출이 가능할 것으로 전망하고 있다. 특히 기존에 송금서비스를 제공하던 토스와 카카오페이의 경우 수수료 비용 절감, 무료 송금 건수 확대 등 소비자 혜택을 늘릴 것으로 보고 있다. 하지만 여기에는 금융서비스를 위해 필수적으로 도입해야 하는 각종 보안 시스템과 인증 획득, 자금세탁방지 (AML) 시스템 구축 등, 초기 투자 비용이 증가한다는 제약 조건이 있다.

이러한 상황에서 은행들은 핀테크 기업과의 경쟁에서 밀릴 경우 단순히 금융상품을 제공하는 역할로 전락할 수 있다는 위기감을 갖고, 우대금리 상품 출시 또는 자산관리 서비스, 고객의 거래 및 행동 데이터 분석을 통한 상품 추천 등과 같은 자체 특화서비스와 함께 다양한 부가서비스 제공에 더욱 집중할 예정이다.

핀테크 기업의 오픈뱅킹 활용 사례

서비스 구분	서비스명	핀테크 기업명
간편송금/결제	내통장결제	세틀뱅크
	체크페이	쿠콘
	카카오페이	카카오페이
	토스	비바리퍼블리카
	핀크	핀크

모바일 해외송금 서비스	E9pay	이나인페이
	Gmoney Trans	지머니트랜스
	QSREMIT	앤앤피코리아
	ReLe	핑거
	센트비	센트비
	코인샷	핀샷
소액해외송금	GME-Remittance	글로벌머니익스프레스
	INTERREMIT	인터콜
	STAREMIT	스타레밋
	루피샌드	시스퀘어코리아
	하나송금	씨앤비페이
	한패스	한패스
자산관리	뱅크샐러드	레이니스트
	재무디자人	더재무컨설팅
자산관리/금융투자 서비스	핀트	디셈버앤컴퍼니
모바일 환전 서비스	Travel Wallet	모바일통
신용등급 분석 서비스	크레딧미	센티언스
영업 중개 플랫폼	셀디아	셀디아
온라인 쇼핑 서비스	다노샵	다노
웹 기반 번역 서비스	Flitto	플리토
카풀중개 서비스	플러스	플러스
QR코드를 활용한 모바일 납부	인스트페이	인스타페이
각종 모임의 회비관리 서비스	모핀	뱅크웨어글로벌

계좌 및 금융상품 조회 서비스	일리	적시타
계좌유효성 검증 서비스	HUB POINT	바로SVC
디지털 콘텐츠 마켓	OGQ 마켓	오지큐
배달정보 제공 서비스	ROADVOY	오투이투
비대면 본인확인 서비스	굿페이퍼	티소프트

③ 클라우드 중심(Cloud-Driven) IT 전략의 전환

금융지주기반의 통합 클라우드 전략 구사와 함께 향후 2~3년 내에 클라우드 체계를 완성하여 궁극적으로는 하이브리드 클라우드 체계를 만들어야 한다는 방향성으로 금융회사들이 진화할 것으로 예상된다.

금융 당국은 2019년 1월 전자금융감독규정 개정으로 금융회사가 AWS, IBM, MS, NBP와 같은 클라우드 전문업체들에게 자사 IT를 클라우드 방식으로 운영할 수 있도록 규제를 해소하였고, 클라우드 활용을 보다 적극적으로 지원하기 위해 '금융 물리적 망분리'에 대한 제도 개선을 예고해 앞으로의 변화가 어떤지를 알 수 있게 했다. 만약 '논리적 망분리' 수준으로 제도가 바뀐다면 국내 금융권의 전산센터 운영 전략은 급속하게 클라우드 중심으로 전환될 것이라고 전망된다.

금융지주사들은 은행을 중심으로 그룹 차원의 통합 클라우드 전략을 추진 중이며, 향후 2~3년 내에 클라우드 체계가 완성될 예정이다. 계정계와 같은 핵심 업무는 온프레미스 환경으로 유지하고 그 외 비핵심업무는 퍼블릭 클라

우드로 전환해 IT 비용을 효율화하는 곳으로, '하이브리드' 방식의 클라우드 구축 전략이 실현되고 있다.

기존 은행들은 비용대비 효율성 측면, 즉 IT 비용 절감의 측면에서 클라우드를 주로 고려했지만 최근에는 시스템의 안정성과 신속한 서비스 지원, 보안 등 다양한 부문을 동시에 고려하기 시작했다.

주요 은행 클라우드 사업 추진 현황

은행명	추진 내용
하나은행	• 2018년 5월 하나금융그룹 공용 클라우드 플랫폼을 오픈. 시장 및 기술상황에 맞춰 지속적으로 업그레이드 예정 • 기술적, 법·제도적 제약을 고려해 클라우드 적용 업무 그룹별 검증 완료 • 시스템 구축 시에는 오픈소스 활용 및 특정 벤더 의존성 최소와 기술 고립 회피 • GNL 시스템을 퍼블릭 클라우드 환경에서 서비스 운영 중 • 하나멤버스 시스템을 퍼블릭 클라우드로 이전 추진 중 • 향후 클라우드 과제로 U2L과 오픈소스 전환 추진 예정
KB국민은행	• 2020년 10월까지 차세대사업 진행하며 프라이빗 클라우드 구축 동시 진행 • 프라이빗 클라우드 구축을 위해 레드햇 '오픈스택 플랫폼' 및 '오픈시프트' 선정 • 비핵심업무는 퍼블릭 클라우드로 이동 • 2020년 6월 클라우드 전환을 위한 태스크포스 구성 • 2023년 클라우드 전환을 위한 로드맵 마련 • 2025 퍼블릭 클라우드 방식으로의 전환
신한은행	• 2016년 신한은행 북미법인의 인터넷뱅킹서비스를 AWS 기반 클라우드로 전환 • 2018년 일본법인(신한재팬)이 클라우드로 전환 • 모바일 플랫폼 SOL뱅크 내 CDN 클라우드 환경으로 이전 • 인터넷뱅킹시스템의 리눅스 전환(U2L 사업 철수) • 2020년 규제가 허용되는 글로벌 주요 거점 서비스 클라우드 전환 계획
우리은행	• 그룹 차원의 클라우드 전략을 중점 IT 사업으로 추진 • 그룹 IT 비용 절감을 위한 '그룹 공동 클라우드 플랫폼' 구축 진행 • 중장기적으로 '글로벌 클라우드 센터' 오픈 계획

NH농협은행	• 클라우드 구현을 통해 인프라의 유연성과 향상된 비용 효율성, 신기술 내재화와 IT 역량 강화를 목표 • 2018년 : IaaS 플랫폼 구축. 기존 수개월이 걸리던 서버 운영 환경 준비기간을 1~2주 내로 단축. 구축 및 운영 비용 절감 성공 • 2019년 : Paas 플랫폼 구축. 이를 통해 다양한 비즈니스 요구에 대응하는 신속한 IT 개발 환경을 갖춘다는 전략 • 2020년 : 좀 더 유연하고 효율적인 클라우드 체계를 수립하기 위한 하이브리드 클라우드로 확대

④ 똑똑한 RPA(Robotic Process Automation) 플랫폼으로의 진화

> RPA를 통한 업무프로세스 혁신 성과 확인 ▶ 전사 업무로 확산
>
> AI 등 다양한 기술과 결합해 지속적으로 진화 ▶ RPAI(RPA+AI)

RPA 플랫폼으로의 진화가 무엇보다 발빠르게 진행되는 이유는 은행의 비용절감, 낮은 오류로 인한 데이터 확보, 서비스 개선, 업무 소요시간 단축 등 RPA 도입으로 인한 프로세스 혁신의 효과가 가시적으로 확인되고 있기 때문이다. 따라서 기업들은 적극적인 투자와 전사 업무 적용으로 RPA 플랫폼의 확장을 시도하고 있으며, 이를 계기로 RPA를 비롯한 디지털 성숙도를 높여가고 있다.

RPA 플랫폼은 크게 직원의 단순 반복작업을 획기적으로 줄여주는 1단계, 업무의 복잡성을 제거하고 고도화된 업무까지 확장하는 2단계, AI 등 새로운 기술과 결합하여 프로세스 혁신을 완성하는 3단계로 구분할 수 있다. 국내 은행권의 RPA는 이제 1단계를 넘어 2단계에서 3단계로 진입하고 있다.

특히 2020년에는 몇몇 은행들로부터 AI 기반의 보다 고도화된 3단계가 시작되었으며, 그로 인해 해당 직무에 있어 필요한 ICT 직무 인력과 디지털

금융에 대한 포지션을 지속적으로 확보하려는 노력이 이어지고 있다.

한편 AI와 결합한 RPA인 'RPAI(RPA+AI)'는 업무 진행 시 데이터를 수집하고 분석하여 행동으로 옮기는 사람의 행동 양식과 유사하다. RPAI는 RPA 기술을 바탕으로 빅데이터 수집과 분석을 통해 비즈니스 프로세스를 개선하고 효율을 높이는 데 주도적인 역할을 담당할 것으로 예측되고 있다. 특히 RPAI가 대량의 데이터, 반복적이고 정형적인 업무를 진행하도록 함으로써, 사람은 보다 창의적으로 사고하여 새로운 가능성을 열어갈 수 있는 핵심 업무를 집중적으로 하게 될 것이다.

주요 은행 RPA 사업 추진 현황

은행명	추진 내용
하나은행	• 2차 RPA 구축 과정에서 AI와 연계 후 RPA 체계를 전행 단위로 확대 및 적용하는 3차 RPA 구축 사업 완료 • 현재 전 영업점에 이미 RPA가 적용됐으며 정교화 작업만 남은 상태 • 연간 약 40만 업무시간이 절약될 것으로 기대 • 19개 은행 업무 22개 프로세스에 34개 협업 로봇 하나봇(HANABOT) 투입 • 이를 통해 연간 8만 업무시간 절약, 전행 단위로 확대 시 업무시간 절감 효과를 4~5배 늘린다는 전략
KB국민은행	• 센터 외주직원 업무 수행을 위한 권한 등록 자동화 등 40여 개 업무에 RPA 적용 • 2018년 11월 자동화 효과가 높은 4개 업무에 우선으로 RPA 적용 후 순차적으로 RPA 적용 범위 확대 • RPA 고도화를 위한 컨설팅을 마쳤으며 이를 바탕으로 다양한 분야에 RPA를 적용할 예정 • RPA 솔루션 도입 이후 본격 확산을 위한 거버넌스 체계 구축 및 Large-Scale 업무 개발 예정

신한은행	• 2018년 4월부터 여신업무에만 적용됐던 RPA를 은행 업무 전반으로 확대 • 펀드, 외환, 퇴직연금, 파생상품 등 은행 업무 전반으로 넓히는 프로젝트를 추진 • 현재 총 14개 부서 31개 업무에 RPA가 적용된 상태 • 21개 부서, 44개 과제를 대상으로 RPA 프로세스 개발 추진 • 룰 기반의 RPA에서 인공지능(AI)을 적용하는 실제 서비스 창출 계획
우리은행	• 2020년 상반기 내로 개인여신연장과 같은 대출 관련 업무와 담보 관련 업무 등 약 22개 과제에 RPA를 순차적으로 도입할 계획 • 2019년 7월 가계여신, 외화차입용 신용장 검색, 의심거래보고서 작성 등 영업점 지원을 위한 업무 위주로 RPA를 도입
NH농협은행	• 적용 업무 유형을 기업여신 금리승인, 수입신용장 인수금리 승인, 관심기업 모니터링 등 여·수신뿐만 아니라 외환, 카드, 마케팅, 리스크관리 등 본부 업무 전방위로 확대 • 총 39개 업무에 로봇 120대 규모의 RPA를 도입해 연간 약 20만 업무시간 이 줄어들 것으로 예상 • 2020년부터는 RPA와 인공지능(AI)을 융합해 금융상품 상담 과정에서 발생 할 수 있는 불완전판매 여부를 점검하는 프로세스 투입 예정

⑤ '데이터 기반 정보회사'로 변모하는 은행들

IDC가 발표한 '반기별 빅데이터 및 분석 지출 가이드(Semiannual Big Data and Analytics Spending Guide)'에 따르면 현재 빅데이터 및 비즈니스 분석 솔루션 분야의 최고 투자자는 은행권인 것으로 나타났다. 은행권은 고객의 신용카드 거래내역, ATM 인출 내역, 신용점수 등 산업 내에서 생성되는 방대한 데이터를 보유하고 있다. 따라서 통찰력을 기반으로 한 비즈니스 의사결정이 가능하도록 수집된 데이터를 효과적으로 분석하는 능력을 갖추는 것은 향후 경쟁력을 확보하는 데 중요한 역량으로 작용할 것이다.

은행들은 스마트폰 기반의 비대면 채널이 일반화되면서 축적된 데이터 활용성에 초점을 맞추어, 자신들이 가지고 있는 데이터를 적재하고 가공하여 필요한 정보를 얻어내기 위한 분석 플랫폼 고도화에 집중하고 있는 상황이었다. 그러나 이른바 데이터3법이 국회를 통과함에 따라 2020년 이후에는 데이터를 기반으로 하는 새로운 금융서비스 및 시장이 열릴 것이며, 데이터의 자유로운 활용이 가능해짐에 따라 데이터를 중심으로 하는 디지털 탈바꿈 전략이 본격적으로 추진될 것으로 보인다.

한편 **마이데이터**에 대한 신용정보법이 개정됨에 따라 마이데이터 산업 또한 급속하게 성장할 것으로 예측되고 있다. 마이데이터 산업은 은행, 보험회사, 카드회사 등에 분산되어 있는 개인신용정보를 통합해 맞춤형 금융자문 및 상품을 추천하고 해당 금융사로부터 수수료 수익을 얻는 사업이다. 이를 통해 은행들은 지급결제 분야뿐만 아니라 데이터 분야로 핀테크 및 오픈뱅킹의 외연을 확장할 수 있게 된다.

마이데이터를 통해 정보주체가 보다 능동적으로 개인정보 자기결정권을 행사할 수 있는 기반과 개인의 정보 이동권이 부여되므로, 정보주체는 데이터의 단순 제공에 그치지 않고 분산되어 있는 데이터를 '결합'해 보다 의미 있는 정보와 서비스를 창출해 낼 수 있게 된다. 이에 따라 금융기관들의 새로운 결합이 각 분야에서 현실화 될 것이다.

'금융 빅데이터 개방시스템(CreDB)'은 신용정보원에 집중된 국내 금융권에서 축적된 양질의 데이터를 비식별 조치해 핀테크 기업, 금융회사, 교육기관 등이 활용할 수 있도록 한 것으로 2019년 6월부터 시행에 들어갔다. 2019년에는 '개인신용 DB'와 '기업신용 DB' 서비스가 시작되었고 '보험신용 DB'와 '맞춤형 DB' 서비스는 단계적으로 확대 제공 예정이다. 비즈니스에 활용할 금융데이터가 크게 부족했던 기존 핀테크 · 스타트업 등은 이번 금융 빅데이터 개방시스템의 가동으로 데이터 격차(Data Divide)를 해소할 수 있게 되었다.

수요자는 '원격분석 시스템'을 통해 직접 CreDB를 분석하고 그 결과물을 반출하여 활용할 수 있다(단, DB 자체의 반출은 허용되지 않는다). 또한 핀테크 기업·금융회사·연구소 등은 해당 정보를 상품과 서비스 개발에 활용할 수 있다. 핀테크 업체가 목표 고객군의 대출규모, 연체 현황에 대한 DB를 확보한다면 이들을 겨냥한 소액신용대출 상품을 개발할 수 있는 식이다. 이를 통해 스타트업 기업은 시장탐색에 드는 시간과 비용을 크게 절감할 수 있게 된다.

2020년 이후 금융권만 아니라 통신, 유통 등의 데이터를 사고 팔 수 있는 개방형 '데이터 거래소' 출범을 통해 데이터가 많고 보안성이 강한 특징을 지닌 금융권 데이터를 중심 축에 놓고 이종산업 간 데이터를 융합해 혁신 비즈니스를 창출할 수 있는 길이 열리는 셈이다. 광범위한 데이터 거래의 장이 마련됨에 따라 본격적인 '데이터 시장'이 형성될 것이다. 그렇다면 데이터 공급과 수요자는 은행·카드·보험·증권·신용평가사 등 금융회사를 넘어 통신사, 유통기업, 공공기업, 학교, 연구소 등 모든 분야를 망라할 것으로 예측할 수 있다. 데이터 거래 방식은 크게 '원본 데이터를 직접 파는 것'과 '데이터를 분석한 결과만 판매하는 방식' 두 가지이며, 결과 값만 판매하는 경우 원본 데이터 자체 반출은 금지된다.

이처럼 다양한 데이터 활용은 은행의 입장에서도 새로운 기회가 될 수 있다. 기존에 은행에서 보유했던 정보뿐만 아니라 위치정보, 자동차 운행 기록, SNS 정보 등 다양한 데이터를 활용해 상품개발부터 마케팅, 리스크 관리 등에 적용할 수 있기 때문이다. 특히 소비자에게는 맞춤형 서비스를 제공할 수 있게 되며, 이에 따라 데이터 컨설팅 등을 활용한 새로운 비즈니스가 전개될 가능성도 있다.

2 / 금융권 채용 트렌드

　21세기 채용시장에서 트렌드 관점을 중심으로 취준생을 위한 팁을 제공한다면, 어려울수록 본인의 적성과 진로를 빨리 찾아 방향성 있는 준비를 해야한다고 강조하고 싶다. 금융권에 관심이 있다면 지금이라도 시작하는 행동력이 필요하다.

　최근 전 산업계에 걸친 4차 산업혁명 이슈 대두와 정부의 공정 채용에 대한 강력한 의지가 금융기업 채용에도 많은 영향을 미치고 있다. 금융권 중에서도 대형 시중은행들은 정책의 영향을 비교적 빠르게 받아들여 블라인드 채용 및 면접시스템을 도입하였고, 일부는 NCS 직업기초능력 필기시험 또한 치르고 있다.

　반면 최근 몇 년간 금융공기업을 비롯해 상당수의 은행들이 부정 채용 논란에 휩싸여 관련 임직원뿐만 아니라 해당 조직들이 몸살을 앓았다. 그 영향으로 금융공기업을 비롯한 은행들의 채용 필기시험의 난이도가 매우 높아졌고 면접 또한 정확한 역량 검증을 위해 여러가지 방식을 시도하는 등 점차 까다로워지고 있는 추세이다. 이러한 상황에서 전공을 따지지 않는다는 채용공고 속 한 줄의 글을 그대로 믿는 것은 답답한 일이다.

　블라인드 채용은 능력중심 채용의 다른 이름으로, 아무것도 보지 않겠다는 것이 아니라 학벌과 스펙에 대한 편견을 버리고 지원자의 준비된 지식과 기술, 그리고 자세를 면밀히 관찰·검증하겠다는 것을 의미한다. 블라인드 채용을 실시하는 공공기관들의 입사지원서를 보면 지원 분야와 관련된 수강과목을 매우 꼼꼼하게 기재하도록 하는데 이는 채용담당자들의 입장에서 지원자들의 관심과 노력을 좀 더 상세히 체크할 수 있기 때문이다. 예를 들어 같은 경영학을 전공한 지원자라도 인사와 조직 분야에 더 관심을 가진 지원자가 있을 수도 있고, 어떤 이는 재무와 회계 과목 중심으로 금융권 지원에 진로를 맞추었을 수도 있는 식이다. 채용 트렌드는 해마다 바뀌는 것이 아니라 나름의 흐름과 방향이 있다. 따라서 많은 뉴스와 정보를 접하고 나누면서 변화의 맥락을 읽어 내기 바란다.

금융권 채용 트렌드와 변화는 다음과 같다.

① 국내 금융기업들, 특히 대형 시중은행 중심으로 진행해 왔던 대규모의 상·하반기 신입공채의 신입 채용 인원 규모 및 공채 횟수가 크게 줄었다.

과거 역세권으로 불리는 지역들의 건물 1층에는 늘 은행이나 증권사의 영업점이 자리잡고 있었다. 하지만 최근에는 증권사 영업점은 찾아보기도 힘들뿐더러 그나마 업무 차 방문하더라도 웬만한 것은 인터넷으로 해결하기를 권유하는 상황이다.

이는 은행도 마찬가지이다. 상당수의 업무 및 서비스를 컴퓨터와 스마트폰의 앱을 통해 해결할 수 있기 때문에 예전보다 영업점의 의존도가 크게 줄어들었으며, 영업점 또한 비용절감을 위해 상대적으로 임대료가 저렴한 건물 2층으로 자리를 옮기고 있는 상황이다. 이는 예전보다 지점에 많은 인력을 배치할 필요가 없음을 의미하며, 이러한 추세는 앞으로도 지속될 가능성이 크다.

한국은행에 따르면 입출금과 이체 거래 시 인터넷뱅킹, 모바일뱅킹을 이용하는 비중이 2017년 45.4%에서 2021년 상반기에 70.9%까지 늘었다. 은행 지점은 2012년까지는 증가하는 추세였으나 2013년부터 줄어들기

시작했고, 코로나19 확산 이후 비대면 거래가 급증하면서 지점 축소 속도는 더 빨라지고 있다.

이처럼 비대면 일상의 확대로 영업점이 줄고 있지만 최근 주요 은행들이 일자리 창출과 디지털 금융환경 변화에 적극 대응하기 위해 예년보다 채용 규모를 늘릴 것으로 보인다.

국내 은행 영업점 수의 추이

*출처 : 금융위원회

② 금융권 채용 전반에 걸쳐 투명성과 공정성을 대표하는 블라인드 채용이 확대되고 있다. 이후 금융 공기업을 비롯해 시중 은행들의 공채 비리가 적발되어 뉴스에서 해당 비리를 크게 보도하는 일이 있기도 하였다.

③ 금융권 취업은 많은 취업준비생들이 선호하기 때문에 공채 비리 적발 이후 공정하고 깨끗한 채용 환경으로 변화한 사실에는 두 팔 들어 찬성하는 입장이지만, 비리 이후 채용을 진행해야 하는 금융기업 입장에서는 채용 과정의 의혹을 없애기 위해 시험이나 면접 등의 검증과정을 더욱 까다롭게 할 가능성이 높다.

한때 일부 은행들의 경우, 필기시험만 잘 보고 입사하는 신입사원 중에 금융서비스에 대한 정확한 이해가 떨어져 조기에 퇴사하거나 사내에서 문제를 일으키는 경우가 발생함에 따라, 필기시험을 과감하게 없애고 면접이나 인성 검사만을 실시하기도 했었다. 하지만 최근에는 필기시험과 인적성검사, 토론면접, PT 면접은 물론, 세일즈 면접, 심지어 AI 면접까지 여러 단계를 거쳐 지원자들을 검증하고 관찰하기 위해 노력하고 있다.

④ 신입 및 경력 공채에서 분야별 채용 경향이 뚜렷해졌다. 최근 금융기업에서는 개인금융, 기업금융, IB, 글로벌, 디지털, IT 분야 등 전문 분야별로 채용을 실시하고 있는데, 이는 전문성 강화라는 측면도 있지만 앞으로 기업들이 언제 떠날지 모르는 직원들에게 돈과 시간을 들여 교육을 시킬 여유가 없기 때문으로도 분석된다.

따라서 지원자의 입장에서는 진로와 직무에 대해 스스로 준비하여 과연 선택한 직무가 적성에 맞는지를 알아보려 노력해야 하며, 인턴생활이나 시간을 들여 경험해 보기 위해 좀 더 부지런해질 필요가 있다. 하지만 분야별 채용을 하다 보니 이번에는 전문 분야로 지원했던 신입사원들이 영업점에서 오래 버티지 못하거나 부진한 실적을 내는 문제가 발생하였고, 이에 한 시중은행에서는 아예 영업점에 특화된 채용을 실시한 뒤 영업력을 면밀히 관찰하기 위해 현실과 같은 상황을 만들어 놓고 Role-play로 세일즈 면접을 진행하기도 했다.

시중은행 분야별 모집 채용공고(일부)

부문	주요 내용
IB	M&A 인수금융, 지분투자, 혁신성장금융, 부동산투자금융, 항공기/선박금융, 발전/에너지금융, 구조화금융, 인프라금융, 글로벌 PF ※ 상경계열 전공자 및 석사 이상 학위 소지자 우대
리스크/자금	신용/시장/금리/유동성/운영리스크 관리, 신용평가모형 개발 및 관리, 글로벌 리스크 관리, FX/파생상품 트레이딩 ※ 상경·공학·자연과학계열 전공자 및 석사 이상 학위 소지자 우대
글로벌	러시아, 미얀마, 베트남, 브라질, 인도, 인도네시아, 방글라데시, 캄보디아, 필리핀 지역 관련 전공자 우대(당행 해외 네트워크 진출 국가 중 일부 국가) ※ 해당 지역 관련 전공자 및 석사 이상 학위 소지자 우대

*출처: 우리은행 홈페이지

⑤ 케이뱅크, 카카오뱅크 등 인터넷 전문은행이 영업을 개시한 이후 은행뿐만 아니라 대형 증권사에서 IT와 디지털 분야 채용이 급격히 확대되고 있다. 금융기업 중에서도 고유의 상징성을 갖고 있는 투자은행인 '골드만 삭스'의 블랭크 페인 회장이 '골드만 삭스는 더 이상 금융회사가 아닌 IT 회사'라고 천명했을 정도로 금융산업에서의 디지털 탈바꿈은 가속화되고 있다. 이에 따라 정부도 규제 샌드박스를 통해 은산분리[1] 등 규제에 발목이 잡혀 있는 인터넷 전문은행의 추가 설립을 지원하기도 했다.

융합형 인재에 대한 기업의 요구가 커짐에 따라 이제는 외국어 능력만큼이나 컴퓨터 활용 능력 또는 코딩 능력이 취업 준비에서 기본이 되고 있다. 특히 대형은행의 경우는 핀테크 또는 테크핀 기업의 확장에 대비한 영업전략 수립에 기업의 사활을 걸고 노력을 기울이고 있다. 최근에는 이러한 대형은행의 고민이 면접 문제로 나오기도 했으며, 영업점의 고급화,

---

1 은산분리: 산업자본이 금융시장을 잠식하는 것을 막기 위해, 산업자본은 의결권 있는 은행 지분을 4%까지만 보유할 수 있도록 제한한 규정. 그러나 이 규제가 인터넷 전문은행 활성화를 막는다는 지적에 따라 2019년 1월 17일부터 「인터넷 전문은행 설립 및 운영에 관한 특례법」이 시행, 혁신정보통신기술(ICT) 기업에 한해 한도를 34%까지로 완화했다.

플랫폼화. 영업점 중심의 고객 유치 전략도 인터넷 전문은행과 차별화하려는 노력의 일환으로 볼 수 있다.

⑥ 경력 채용에 대하여 가장 보수적인 입장을 고수해 온 은행 및 금융권에서 경력사원 채용이 증가하고 있으며, 이러한 경력사원 중심 채용 기회가 더욱 확대될 것으로 예상된다.

증권사나 자산운용사 등에서는 이미 신입공채에서 수시채용으로 전환한 곳이 상당수이다. 학교를 갓 졸업하거나, 이제 곧 졸업을 앞둔 학년으로 사회에 첫발을 내딛으려 하는 지원자들 입장에서는 취업도 어려운데 경력 사원만 원하면 취업이 더 어려워진다는 생각이 들지도 모르겠지만, 오히려 경력과 진로를 발전시키기에는 유리한 면도 있다. 비록 처음에는 다소 규모가 작은 곳에서 시작했다 하더라도 경력을 쌓고 인정을 받으면 예전에 기회조차 주어지지 않던 기업들에 다시 경력으로 지원할 수도 있기 때문이다. 따라서 결코 쉽다고 할 수는 없으나 목표를 가지고 개인 경력 개발과 관리에 더 신경을 써보도록 하자.

⑦ 금융권. 특히 대형 시중은행 및 금융공기업 등의 채용에서는 면접의 비중이 커지고 있는데 외국계 투자은행의 경우는 꽤 오래전부터 면접이 10차까지 진행되는 등 면접의 비중이 높았다. 물론 이는 소수 규모의 수시채용이기 때문에 가능한 일이었지만 그만큼 인재 선발에 어려움을 겪기 때문이기도 하다. 최근에는 상당수의 기업들이 인적성검사 중에서도 특히 인성검사 결과를 더 많이 반영하는 것으로 알려졌다.

⑧ 국책은행 및 금융공기업에서 시작된 체험형 인턴제도를 도입하는 곳이 늘고 있다. 체험형 인턴은 취업준비생들에게 좋은 기회를 주는 제도이기 때

문에 가능한 꼭 도전해 볼 것을 권한다. 종종 정규직 채용을 염두에 두고 검증의 시간으로 인턴십 제도를 운영하는 곳이 있는데 이러한 방식은 기업 입장에서 인재 선발 및 평가에 유리하고 필요한 방법이기도 하다.

⑨ 외국계 금융기관(은행, 증권사, 자산운용사 등)은 경력사원을 수시로 채용하고 있지만 간혹 신입사원이나 인턴을 채용할 때도 있다. 우리나라에 들어와 있는 외국계 금융기관 중 은행만 하더라도 36곳에 이른다. 크지도 않지만 그렇다고 완전히 무시해 버릴 정도로 작은 규모도 아니다. 물론 외국계 금융기관은 수시채용과 경력 중심의 채용 문화가 정착되어 있지만 2~3년 차 경력사원이 마땅치 않을 때는 신입사원을 채용하기도 한다.

신입사원 지원자의 입장에서는 외국계 금융기관에 대한 정보가 제한적이기 때문에 채용정보를 접하기가 상대적으로 어려운데, 이때는 은행연합회나 금융협회 등의 회원사 정보를 적극 이용하여 이력서를 보내거나 외국계 전문 취업 사이트들 중 헤드헌터들의 채용공고란을 관심 있게 봐두었다가 기업이나 헤드헌팅 컨설턴트에게 이력서를 보내놓는 것도 기회를 넓히는 길이 된다. 물론 비즈니스 중심의 SNS인 링크드인을 적극 이용하는 것도 고려해 볼 만하다.

3 / 금융의 현장에서(인터뷰)

시중은행 신입사원

ⓠ 본인이 지금까지 쌓아온 금융 커리어는 무엇입니까?

ⓐ 학교 재학 시 말레이시아 풀만 호텔 앤 리조트 쿠알라룸푸르 파이낸스 부서에서 회계 업무로 2개월 인턴 경력, 지속가능금융센터 ESG, Proxy팀 보조연구원으로 4개월간 ESG 보고서 작성 보조, 주주총회 의안 작성 보조 경력이 있으며, 한국기업지배구조원 의안분석팀에서 3개월간 인턴으로 주주총회 ESG 의안 작성 보조 업무를 하였습니다. 그리고 2020년 하반기 공채에 최종 합격하여 I은행 개인 팀에 배치되어 업무를 수행하고 있습니다.

ⓠ 금융권 업무의 가장 큰 매력과 장점은 무엇입니까?

ⓐ 가장 큰 매력은 급여가 높은 것입니다. 타 업종에 비해 초봉 수준이 높고 은행의 경우 정년도 보장되어 있기 때문에 연봉과 안정성 모두 어느 정도 확보하고 있다고 생각합니다.

장점은 금융에 대한 이해도가 자연스레 높아진다는 점입니다. 특히 제가 현재 맡고 있는 일이 개인금융 업무이다 보니 다른 사회초년생에 비해

돈, 특히 재테크에 일찍 관심을 가지게 됩니다. 은행에서 취급하는 다양한 상품을 항상 공부하고 판매를 위해서는 기본 자격증(보험 3종, 펀드투자상담사, 파생투자상담사)을 취득해야 합니다. 회사에서도 금융 관련 자격증 취득을 장려하며 주기적으로 시험을 시행하고 인사에 반영합니다. 함께 일하시는 분들 역시 금융에 대하여 관심이 높기 때문에 일상에서도 다양한 정보를 많이 접하게 됩니다.

🅀 평소 업무에서 가장 보람되거나 가장 힘들었던 때는 언제입니까?

🅐 CS에 저에 대한 칭찬이 올라온 적이 있습니다. 늦은 방문에도 불구하고 친절하게 업무를 처리해 주어 고맙다는 글이었습니다. 업무로 지칠 때 이런 감사의 한마디를 들으면 힘이 나곤 합니다.

한편으로는 사람을 대하는 직업이다 보니 사람 때문에 힘들 때가 많습니다. 차례를 지키지 않고 막무가내로 먼저 업무를 봐 달라고 조르는 고객, 창구 직원을 무시하는 고객, 막말을 일삼는 고객 등 다양한 유형의 사람을 만나게 됩니다. 그런 때마다 마음 속 한 조각 남아있던 인류애마저 모두 사라지는 기분이 들 때가 있습니다. 또한 하루 종일 같은 말을 반복하다 보면 턱이 아프기도 하고, 요즘 같이 마스크를 써야 하는 경우 의사소통이 더 힘들다는 문제도 있습니다.

최근에는 지점별로 경영평가가 있다 보니 연말에 할당 받은 영업 성과와 실적을 맞추는 것이 힘들었습니다. 따라서 이런 분위기를 잘 견뎌낼 수 있는 힘이 필요한 것 같습니다.

🅀 가장 기억에 남는 위기와 문제해결 경험은 무엇입니까?

🅐 언젠가 고액의 현금을 인출해 간 고객이 있었습니다. 고객이 돌아간 후 바닥에 돈이 떨어져 있는 것을 발견했고, 재빨리 제가 가진 현물 시재를

맞추어 보았더니 돈이 남았습니다. 곧바로 고객에게 연락하여 다시 와 주십사 부탁하였고 다행히 같은 건물에 계셔서 바로 내려오셨습니다. 그 고객님은 저를 보자마자 고성으로 욕설을 하고 돈을 제 책상에 쏟아 부었습니다. 팀장님 또한 바로 오셔서 도와주셨지만 고객님의 분노는 진정되지 않았고 저는 오랜 시간 폭언을 들어야 했습니다. 남의 돈을 만지는 일은 실수에 매우 엄격하고 큰 책임이 따른다는 것을 몸소 느낄 수 있었습니다. 상황이 일단락된 뒤 팀장님은 뒤에서 민원을 넣는 고객보다는 와서 화내고 가는 고객이 낫다고 저를 위로하셨지만 왠지 경영평가를 더 신경 쓰시는 것 같다는 생각이 들어 기분이 크게 나아지지는 않았습니다. 하지만 이 일을 통해 어떤 일이 일어나더라도 의연하게 넘길 수 있는 성향이 중요하다는 교훈을 얻었다고 생각합니다.

Ⓠ 금융권 지원자에게 해 주고 싶은 말은 무엇입니까?

Ⓐ 같은 금융권이라도 어떤 직무에 지원하는지에 따라 해야 하는 준비가 완전히 달라집니다. 가능한 일찍 진로를 설정하고 그에 맞춰 준비하는 것이 중요한 것 같습니다. 은행의 경우도 개인금융 분야, 혹은 기업금융 분야를 선택할 것인지를 정하고 그에 맞춰 자기소개서와 면접을 준비해야 합니다. 특히 면접에서는 입사 후 하고 싶은 업무가 무엇인지에 대한 질문을 많이 받습니다. 따라서 본인이 청사진을 그려 두고 적절히 대답해야 좋은 점수를 받을 수 있습니다.

처음은 모두 텔러로 시작하지만 계속해서 본인이 원하는 직무에 맞춰 자격증을 준비하고 연수를 받아야 합니다. 은행 안에서도 너무나 다양한 직무가 있기 때문에 회사에 지속적으로 자신의 능력을 어필해야 원하는 커리어를 쌓을 수 있습니다. 또한 계속해서 노력하는 자세도 중요하지만 비록 당장은 자신이 원하는 일이 아닐지라도 참고 인내하며 열심히 할 수 있어야 합니다.

꒰Q꒱ 본인이 지금까지 쌓아온 금융 커리어는 무엇입니까?

꒰A꒱ 지역신용보증재단 경영지원 및 채권관리 부서에서 6개월 동안 청년인턴 직을 수행했습니다. 이후 2018년 하반기 공채에서 합격하여 현재는 S중 앙회 검사감독본부 지역검사부서에서 재직 중입니다.

꒰Q꒱ 금융권 업무의 가장 큰 매력과 장점은 무엇입니까?

꒰A꒱ 금융권 업무의 가장 큰 매력 중 하나는 높은 임금입니다. 그뿐 아니라 휴 일이 정확하게 지켜지고 쾌적한 근무환경과 더불어 퇴근 이후나 휴일 등 제 삶을 중요시할 수 있는 규칙적인 생활이 보장된다는 점이 매력적이라 고 생각합니다.

장점은 체계적으로 잘 갖추어진 업무 시스템과 탄탄한 복리후생 제도라 고 생각합니다. 생계와 밀접한 주거, 의료, 교육 등을 지원해줄 뿐만 아 니라 다양한 휴직제도가 운영되어 가정과 일을 잘 병행할 수 있도록 되어 있으며, 여성들의 경우에는 상대적으로 경력단절에 대한 큰 걱정을 하지 않아도 됩니다.

꒰Q꒱ 평소 업무에서 가장 보람되고, 또 가장 힘들었던 때는 언제입니까?

꒰A꒱ 저는 각 금고의 경영 현황을 점검하여 개선점을 제시하고 업무를 지도하 여 금고의 업무 효율과 경영지표의 개선이 이루어지는 것을 확인할 때 가 장 큰 보람을 느낍니다.

반면 가장 힘들었던 때는 회사 규정의 조문에 대한 이해가 어려웠을 때입 니다. 회사 및 조직의 업무는 모두 규정을 기본으로 처리되는데. 근무 초기에는 상경계열 전공 출신으로 규정의 조문 등이 익숙하지 않아 이해와 해석에 어려움이 많았습니다. 지금도 규정 해석을 통한 판단에는 적지 않은 시간이 소요되며, 법무법인에 질의를 통해 업무를 처리하는 경우도 있습니다.

Q 가장 기억에 남는 위기와 문제해결 경험은 무엇입니까?

A 시행문 첨부파일을 잘못 첨부했던 때입니다. 대외기관에 시행되는 기안문을 작성할 때 파일(일부 대외비)을 잘못 첨부하는 실수를 저질러 대외기관에 잘못된 정보를 제공하여 혼란을 주고 회사에 누를 끼친 경험이 있습니다. 대외기관에 해당 시행문서를 접수하기 전 유선으로 반려 요구를 전달한 뒤 정정 문서를 재차 시행하여 사건은 일단락되었습니다. 이후 중요한 사안의 기안, 시행문 작성할 때는 한 번 더 주의를 요하는 꼼꼼한 자세와 습관을 만들자는 교훈을 얻었습니다.

Q 금융권 지원자에게 해 주고 싶은 말은 무엇입니까?

A 금융권 업무를 잘 해내기 위해서는 금융 관련 자격 취득도 물론 중요하지만 법과 법률적 문서에 대한 이해가 큰 도움이 됩니다. 규제가 많은 금융업의 특성상, 법에 대한 이해가 높다면 입사 이후 담당업무 관련 규정에 대한 해석과 이해도 또한 높기 때문에 담당 업무를 처리하는 데 있어 큰 도움이 될 거라고 생각합니다.

또한, 금융업 종사자는 기본적으로 늘 배우는 자세가 필요합니다. 수시로 법 개정이 시행되고 있으므로 개정 시 마다 새로이 개정된 사항을 사전에 꼼꼼하게 체크하고 이해하는 것이 중요합니다.

Ⓠ 본인이 지금까지 쌓아온 금융 커리어는 무엇입니까?

Ⓐ 국내 대형 증권사 구조화 금융상품부서에서 경력을 쌓기 시작하여 일본
계 컨설팅 회사와 미국계 컨설팅 회사에서 전략컨설팅을 수행하였습니
다. 이후 벤처캐피탈에서 투자 심사역으로 경력을 쌓고 현재는 외국계 사
모펀드 운용역으로 근무하고 있습니다.

Ⓠ 금융권 업무의 가장 큰 매력과 장점은 무엇입니까?

Ⓐ 성과가 명료하고 가시화된다는 점이 매력이라고 할 수 있습니다. 금융업
은 거시경제, 재무, 회계, 법류 등 다양한 전문지식을 기반으로 업무가
이루어집니다. 또한 금융권 업무는 세상이 변하는 추세에 업무가 대응되
어야 하기 때문에, 기회를 확보하고 현실에 적합한 공부를 하기 위해서는
끊임없이 세상을 살피고 움직이며 노력해야 합니다. 따라서 하루아침에
업무에 필요한 지식을 축적할 수 없으며, 그렇기 때문에 열심히 공부하고
노력한 사람에 대한 대우와 보상이 확실한 업계라는 점이 매력이라 생각
합니다.

Ⓠ 평소 업무에서 가장 힘들었던 때는 언제입니까?

Ⓐ 세상의 변화가 너무 빠르다 보니 본인이 속해 있는 영역에서 기회가 계속
존재한다는 보장이 없다는 점이 힘든 것 같습니다. 실무진으로서 여러 가
지 기술과 정보를 어렵게 터득하여 기회를 확보할 수 있게 된 시점에서
환경변화로 인해 갑작스레 기회가 상실될 수 있습니다. 한 개인이 전체
자본시장을 커버할 수 없고 기회의 이면에 위험 또한 도사리고 있다는 점
을 항상 각오해야 합니다.

ⓠ 가장 보람을 느꼈던 일, 혹은 기억에 남는 위기는 무엇입니까?

ⓐ 벤처캐피탈 심사역 시절에 직접 올린 투자안을 통과시켰던 경험이 제일 기억에 남습니다. 회사에 대해 남김없이 파악하기 위해 반쯤 해당 기업에서 거주하면서 자료를 취합하고, 심사하며, 검토하여 결국 O2O 생활 플랫폼 관련 기업의 투자심사안을 통과시켰습니다. 금융투자업에 종사하는 한사람으로서 가장 큰 보람을 느꼈던 때인 것 같습니다.

ⓠ 금융권 지원자에게 해 주고 싶은 말은 무엇입니까?

ⓐ 기업금융 분야로 진출하고 싶다면 재무와 회계를 좀 더 집중적으로 공부할 것을 추천드립니다. 재무는 가치평가 분야의 대가인 다모다란(Aswath Damodaran) 교수의 책을 중점적으로 보면 도움이 될 것 같습니다. 회계는 회계사용 책을 참고하기 보다는 '김수헌'님이 쓴 회계교양서를 중심으로 공부하면 기본을 충분히 다질 수 있을 것이라고 생각합니다. 더하여 비즈니스모델이나 전략 관련 책들을 함께 보거나, 상법 중 회사법 내용을 숙지하면 기업에 대한 이해도를 높일 수 있을 것입니다.

국내 시중은행 기업 금융 부장

ⓠ 본인이 지금까지 쌓아온 금융 커리어는 무엇입니까?

ⓐ 대학원을 마치고 국내 시중은행 공채로 입사하여 강남 소재 대형 점포에 배치되어 기업여신 수출입업무 등을 담당하였고 사업부제 시행 이후 대기업 사업본부 및 기업사업본부 소속 점포에서 주채무계열 대기업 및 외

감 중소기업 등 기업고객을 대상으로 기업여신, 수출입 등 전반적인 기업 금융 업무를 전담하였습니다. 이후 금융연수원 여신심사역과정을 수료하고 본점 기업여신심사부에서 주채무계열 대기업 및 외감 중소기업에 대한 여신승인심사 업무를 담당하였습니다.

Q 금융권 업무의 가장 큰 매력과 장점은 무엇입니까?

A 금융권, 특히 은행 업무의 가장 큰 매력은 본인의 노력에 따라 다양한 직무를 선택하고 경험할 수 있는 기회가 주어진다는 것입니다. 은행 직무라 하면 대부분 영업점에서 고객을 상대하는 RM이나 PB를 떠올리지만, 본점에는 자금, 여신, 외국환/수출입, 파생(F/X), 경영지원, 리스크 관리 등을 담당하는 다양한 전문 직무가 있어 원하는 직무를 구체적으로 정하고 그에 맞추어 노력해 나가면 다양한 업무를 수행할 수 있는 기회가 주어질 수 있습니다.

또한 일반 기업 대비 상대적으로 높은 연봉과 높은 복지수준 등을 장점으로 들 수 있으나, 금융권 외에도 고연봉인 대기업이나, 공기업 등이 다수 존재하므로 본인의 적성 등을 고려하지 않고 연봉수준만으로 금융기관만을 고집하는 것은 바람직하지 않다고 봅니다.

Q 평소 업무에서 가장 보람되고, 또 가장 힘들었던 때는 언제입니까?

A 여신 업무를 하면서 보람을 느낀 때는, 사업성은 좋으나 자금 여력이 부족하고 자금조달 경로가 제한적인 중소기업에 대하여 다양한 제도권 금융지원제도, 구조화여신 등을 소개하고 적기에 금융을 지원하여 기업이 위기를 벗어나 성장할 수 있게 도왔던 경우였습니다.

반면 힘들었던 때는 수차례의 금융위기 사항을 경험하면서 이어져 온 금융규제 강화, 기업의 투자위축으로 인한 금융수요 감소, 새로운 시장참여자로 인한 금융기관 간 경쟁 심화 등 금융영업환경 악화를 들 수 있습니다.

Q 가장 기억에 남는 위기와 문제해결 경험은 무엇입니까?

A 기업의 영업현금흐름 등을 감안하여 정상적으로 신용대출을 취급한 경우에도 예상치 못한 변수로 인한 실적 악화나 갑작스런 기업회생 신청 등으로 인하여 대출금을 회수하지 못하게 되는 경우가 발생합니다. 이때, 대출 취급 후 업체에 대한 실적 모니터링과 키맨과의 긴밀한 관계를 유지함으로써 부실징후를 사전에 감지하고, 키맨의 협조를 통하여 회생신청 이전에 당행 여신을 전액 회수하여 은행의 손실을 방지했던 사례가 기억에 남습니다.

Q 금융권 지원자에게 해 주고 싶은 말은 무엇입니까?

A 앞서 말했지만 상대적으로 높은 연봉, 안정적인 근무환경 등에 대한 막연한 동경으로 금융기관에 지원하는 것은 바람직하지 않습니다. 지원 분야(은행, 증권사 등)의 직무에 지원하는 정확한 이유를 통해 구체적인 희망 직무를 정해놓고, 직무 수행과 관련된 자격증을 취득하는 등, 사전에 철저히 준비하여 지원하는 것이 중요합니다. 기회가 된다면 평상시 본인이 근무하기를 희망하는 금융기관에 종사하는 선배 등 지인으로부터 해당 직무에 대한 현장의 이야기를 들어보는 것도 직무를 이해하는 데 큰 도움이 될 것입니다.

❶ 본인이 지금까지 쌓아온 금융 커리어는 무엇입니까?

❸ 지금까지 3개 은행 기업금융부문에서 17년 간 수행해 왔습니다. 주로 수행했던 업무는 무역금융파이낸싱과 자금관리상품에 대한 상품개발, 대 (對) 고객 영업 및 서비스였으며 현재는 이들 업무를 총괄하는 부서장을 맡고 있습니다.

❶ 금융권 업무의 가장 큰 매력과 장점은 무엇입니까?

❸ 제가 현재 맡고 있는 업무는 금융권에서도 외국계 은행에 편중되어 있기 때문에 외국계 은행에서 일하는 것에 좀 더 초점을 맞추어 장점을 말씀드리겠습니다. 외국계 금융기관에서 일하는 가장 큰 매력은 첫째, 다양한 국적과 배경을 가진 사람들과 함께 일하면서 관점과 시야를 넓혀 나갈 수 있다는 것이고, 둘째는 본인의 역량과 노력에 따라 해외 근무 경험을 쌓을 수 있다는 것입니다. 이로 인해 본인의 역량 개발은 물론이고 다양한 문화권에 대한 직 · 간접적 경험을 쌓을 수 있습니다.

금융권에서 일하는 것의 가장 큰 장점은 조직과 업무에 있어 상대적으로 시스템이 잘 구축되어 있기 때문에 업무 프로세스를 체계적으로 배울 수 있다는 점입니다. 금융업, 특히 은행은 공공성이 강하기 때문에 정부의 각종 규제 및 정책 기반 아래 움직이게 됩니다. 따라서 규제 및 정책에 위반되지 않도록 시스템이 잘 갖추어져 있어 그러한 시스템을 수월하게 익힐 수 있는 것이 제가 생각하는 장점입니다.

Q 평소 업무에서 가장 보람되고, 또 가장 힘들었던 때는 언제입니까?

A 고객에게 제공한 솔루션이나 구조화된 상품으로 인해 고객이 전략적으로 다음 단계를 향해 도약할 수 있게 된 때입니다. 제 고객은 모두 기업 고객으로, 기업의 전략이 실행되기 위해서는 자금력이 필수입니다. 기업은 적정하게 외부자금을 조달하게 되는데, 고객사의 재무 비율을 해치지 않으면서 원하는 솔루션을 제공받았다고 만족하실 때 가장 보람됩니다.

가장 힘들 때는 금융의 공공성으로 인해 각종 규제 및 정책사항을 지키다 시대에 맞지 않는 규제로 인해 좋은 상품이 사장되거나 고객에게 서비스할 수 있는 범위가 크게 좁아질 때입니다.

Q 가장 기억에 남는 위기와 문제해결 경험은 무엇입니까?

A 한 국내 대기업 건설사가 사우디 현장에서 발생한 장기매출채권에 대해서 무역금융파이낸싱을 외국 보험사 부보 조건으로 구조화하여 제공했을 때라고 기억됩니다. 주선된 몇 개의 외국보험사가 본 거래 조건에 보험상품을 제공하기로 되어 있었는데 국내 보험산업의 보호를 위해 국내 보험사 3곳에서 본 거래는 진행할 수 없다는 거절통보문을 받았습니다. 손해보험협회로부터 그것을 정식으로 인정받는 절차가 있다는 것을 미리 확인하지 못한 상황에서, 이미 거래에 대한 협의가 많이 진전되어 있는 난감한 상황이었습니다.

서로의 이해관계가 민감하게 얽혀있어 쉽지 않은 일이었지만 한 달여 간 문제를 해결하기 위해 국내보험사의 지사와 본사, 손해보험협회를 오가며 타 기관에 없는 절차를 마련하는 등, 각고의 노력 끝에 필요 문서를 받아낼 수 있었습니다.

이후에도 처음 해 보는 구조화를 집행하느라 싱가폴에 있는 그룹 상품 담당자 및 국내 유관 부서의 커뮤니케이션 주선에 어려움을 겪는 등, 여러 문제가 있었지만 결국 고객과 약속된 거래를 제 날짜에 집행해 드렸습니다. 이 업무를 마무리하기 위해 후선 오퍼레이션 인력 20명이 야근을 하며 11시 58분에 거래가 최종 마무리되었던 때가 가장 기억에 남습니다. 기업 고객에게 있어 이와 같이 주금 납입, M&A 자금, 타행 대출상환 등 중요한 파이낸싱이 몰려 있는 경우 기일을 지키는 것은 굉장히 중요한 일이기 때문에 위험한 위기 상황을 겪을 때가 종종 있습니다.

Q 금융권 지원자에게 해 주고 싶은 말은 무엇입니까?

A 본인이 원하는 금융기관에 대해 해당 기관이 목표로 하는 사회적 가치나 기업의 책임, 과제 및 역할에 대해 먼저 알아보려는 노력을 했으면 합니다. 그리고 이것이 본인의 가치관과 잘 맞는지도 확인하시길 바랍니다. 금융기관에는 다양한 직무가 있으니 어떤 직무가 나의 성향과 관심에 부합하는지 충분히 고민하신 뒤 신중하게 결정하시기 바랍니다.

4 / 금융공채 준비에 대한 취업준비생들의 궁금증

취업준비생의 입장에서는 본격적으로 금융권 취업준비를 하다 보면 여러 가지 궁금증이 생기고 알고 싶은 것이 많아질 수밖에 없다. 블라인드 채용이라고는 하는데 정말 나이와 전공이 상관없는 것인지, 금융기관에서 디지털과 IT 분야 채용이 늘어난다는데 IT나 디지털 분야에 취업하기 위해서는 어떤 것을 준비해야 하는 것인지 등등…

인터넷과 취업포털, 여러 동아리와 스터디 등을 통해 접할 수 있는 정보가 많다고는 하지만 정작 이 정보들 중에서 과연 어떤 내용이 믿을 수 있고 어떤 정보를 취해야 할지 지원자 입장에서는 답답할 수 있다. 과유불급이라고, 인터넷 등을 통해 쉽게 접하는 다량의 정보 중에는 오히려 혼란을 야기하고 현실과 동떨어진 허무맹랑한 내용들도 많이 있다.

따라서 그러한 혼란을 잠재우고 궁금증을 어느 정도 해소할 수 있도록, 온라인 캠프나 수업에서 학생들이 자주 묻고 궁금해했던 질문들을 모아서 정리해 보았다. 수많은 질문과 그에 대한 대답을 책에 다 실을 수는 없었기에 지금, 아무것도 모르는 상태에서 처음 금융공채 준비를 시작하려는 준비생들에게도, 혹은 어느 정도 준비를 마치고 지원을 계속하고 있는 이들에게도 도움이 될만한 현실적이고 솔직한 답변을 중심으로 담았다. 이를 통해 여러분의 궁금증이 어느 정도 해소되기를 바란다.

Q 은행의 경우 최근 블라인드 채용을 진행한다고 하는데, 그렇다면 별다른 준비를 하지 않았어도 일단 지원해 보는 것이 맞을까요?

A 블라인드 채용의 정확한 표현은 '능력중심 채용'입니다. 즉, 지원자에 대해 아무것도 알아보지 않겠다는 의미가 아니라 직무 수행 현장에서 필요로 하는 능력 외의 학력, 출생지역, 나이, 가족관계, 직무와 관계없는 자격증 등의 불필요한 스펙을 평가대상에서 제외하겠다는 것입니다.

이처럼 블라인드 채용은 오히려 해당 직무에 대한 준비와 능력을 더 철저히 검증하기 위한 것이므로 블라인드라는 이름에 혹해 준비가 부족하지만 가능성이 있지 않을까 하는 기대를 품는 것은 적절하지 않다고 봅니다. 더군다나 블라인드 채용 지원서는 다른 지원서보다 더욱 꼼꼼하게 지원 직무에 대한 준비 수준을 점검합니다. 채용 현장의 분위기를 먼저 경험해 보겠다는 의도로 지원하는 것이라면 괜찮겠지만 블라인드 채용이라고 해서 무조건 준비 없이 도전해 볼 수 있겠다는 생각은 위험합니다.

Q 금융공기업, 은행들이 NCS를 본다는데 NCS가 도대체 무엇인가요? 또 준비해야 한다면 무엇을 어떻게 준비해야 할까요?

A 먼저 많은 학생들 및 지원자들이 혼란을 겪고 있는 NCS에 대한 정확한 이해가 필요합니다. NCS란 국가직무능력표준(National Competency Standards)으로 '국가가 산업 현장에서 직무를 수행하기 위해 요구되는 지식(Knowledge) · 기술(Skill) · 태도(Attitude)등의 내용을 체계화한 것'입니다. 글로벌 기업이나 대기업들은 이미 큰 비용을 들여 자사의 역량(Competence 또는 Competency) 모델을 구축하고 효율적 경영을 위해 인사 체계를 만들어 놓았습니다. 신입 및 경력사원 채용과 직원들의 승진 및 역량 향상

을 위한 교육에서 기준표를 만들어 활용하고 있는 것이죠.

이처럼 국가가 NCS를 만든 목적은 산업현장에서 요구하는 바를 교육현장에 반영하여 인적자원의 비효율적 관리 운용을 줄이고, 산업현장 직무중심의 인력을 키워내 고용과 평생 직업 능력 개발 연계를 통한 국가 경쟁력을 확보하는 것입니다. 우리나라 외에도 독일, 영국, 호주 등 각 나라마다 각국의 상황과 환경에 맞춘 역량체계 및 자격 체계가 있습니다.

즉, 금융공기업과 은행들이 NCS 기반으로 신입공채를 실시하겠다는 것은 국가가 만들어 놓은 NCS 역량체계를 활용하여 신입사원들에게 요구되는 역량(지식, 기술, 태도)기준표를 만들고, 그 기준을 충족시킬 수 있는 지원자를 채용하겠다는 것입니다.

국가직무능력표준인 NCS에서는 우리나라 산업 현장의 직무를 24가지 대분류로 먼저 나누어 놓았습니다. 이를 기준으로 중분류, 소분류, 세분류와 능력으로 단위를 세분화했는데 NCS 직무분류에서는 대분류 03. 금융·보험이 금융권에 해당되는 내용입니다. 여기에 더하여 각각의 직무 수행 시 필요한 기초적인 능력, 예를 들어 말하기, 쓰기, 대인관계 정보를 활용할 수 있는 능력 등을 10가지 직업기초능력으로 분류해서 명시하였습니다. 일반적으로 NCS 필기시험이라 하면 이 직업기초능력을 검증하는 시험을 의미하는데 금융기업은 보통 이 10가지 직업기초능력 중 의사소통능력, 수리능력, 대인관계능력, 정보능력, 직업 윤리 등에서 주로 문제를 출제합니다.

심지어 이러한 직업기초능력은 면접에서도 평가 기준이 됩니다. 이처럼 NCS는 무엇을 준비해야 하는지 갈피를 잡지 못하는 지원자들에게 채용기업의 선발기준을 명확하게 보여주는 것이므로, 지원자들의 입장에서는 지원 기업과 평가기준에 대한 이해에 도움이 됩니다.

NCS 홈페이지(ncs.go.kr)에는 직무중심능력에 대한 분류와 직업기초능력에 관련된 문제 및 상세한 동영상 설명이 함께 업로드되어 있습니다. 시중에 대형 문고나 서점에서도 NCS 직업기초능력 기출문제집이 다수 판매되고 있으니 참고하시길 바랍니다.

ℚ 블라인드 채용은 은행만 보나요? 혹시 증권사나 다른 금융권 기업에도 해당 되나요?

ⓐ 정부는 공정한 능력중심사회를 구현하기 위해 산업 현장에서 NCS를 체계를 적용하고, 또 정착하게끔 지원하고 있습니다. 그렇기 때문에 모든 공공기관들은 NCS 기반 블라인드 채용을 의무화하고 있으며 그 중에서도 직업기초능력은 지원자들의 기초능력 검증에 유용하다는 판단 아래 NCS 기반 직업기초능력 시험을 일부 은행에서도 도입하고 있습니다.

민간기업의 경우 블라인드 채용이 의무사항은 아닙니다. 따라서 당장은 민간 금융기업이 NCS 기반의 블라인드 채용을 전면이나 일부라도 도입할 가능성이 높지는 않습니다. 다만 미국을 포함한 서구 선진 국가들이 채용에 있어 성차별이나 인종차별 금지를 법으로 명시하고, 이를 사회에 정착시키기까지 어느 정도 시간과 노력이 필요했듯이, 우리나라에서도 사회 곳곳에서 차별적인 요소를 배제하기 위한 시도와 노력이 차츰 행해지고 있습니다.

시중은행의 경우 민간기업임에도 NCS를 도입했는데, 채용 비리로 몸살을 앓고 난 후 공정 사회 구현을 위한 정책에 동참하겠다는 의지의 일환으로 보여집니다. 은행 외에 다른 분야를 예를 들자면, 증권사나 자산운용사 등은 대규모 채용보다는 부서별, 직무별로 수시채용이 더 빈번하기 때문에 직무에 대한 전문성과 준비를 더 꼼꼼히 보는 경향이 큽니다.

ℚ 직무와 NCS 필기시험 중 어느 부분을 더 중점적으로 투자해서 공부해야 할까요?

Ⓐ NCS 필기시험은 1차적으로 지원자들의 기본적인 준비 수준과 능력을 선별하는 데에 그 목적이 있습니다. 따라서 점수별 또는 과목별 비중과 가점 사항이 따로 있는 것은 아니며, 간혹 면접 전형을 마친 후 필기시험과 면접 시험의 총합으로 최종합격자를 선별하는 예도 있기는 하지만, 기본 점수를 넘으면 2차 면접 기회가 생기는 허들 형식이 대부분입니다.

초기 NCS 필기시험은 난이도가 그리 높지 않고 기초와 기본을 검증하는 수준에 그쳤으나, 최근에는 지원자들이 크게 몰리는 것은 물론, NCS 필기시험 경험자들이 늘어남에 따라 선별을 위해 난이도가 점점 높아지고 있는 것이 사실입니다. 단, 금융공기업이나 특수은행들의 경우 NCS 외에 시행되는 지원분야별 전공 시험의 난이도가 상당히 높습니다. 시간을 들여 충분히 준비하지 않으면 좋은 성과를 거두기 쉽지 않으며 NCS 필기시험 대비 요구되는 시간과 학습량이 상당한 편입니다.

2. 직무 경험과 자격증에 관한 질문

ℚ 은행은 무조건 영업부터 시작하나요? 저는 사람들 대하는 업무를 별로 선호하지 않습니다.

Ⓐ 영업 마인드와 영업 역량은 은행뿐만 아니라 금융 전 분야에 걸쳐 필히 요구되는 요소입니다. 본점에서의 업무는 좀 더 전문적이고, 반대로 지점에서의 영업은 전문성이 떨어지는 인력들 중심으로 배치되어 있다는 편견을 갖고 있는 사람들도 종종 있으나 이는 다 옛날 이야기이자 시대착오

적인 사고입니다. 시중은행의 최고 수장인 은행장을 비롯한 여러 임원들은 핵심 부서에서의 주요 업무 경력과 더불어 영업력을 인정받거나, 영업에서 독보적인 성과를 냈던 분들입니다.

최근 몇 년간은 전문성을 가진 인력을 채용하기 위해 각 직무에 맞춘 분야별 채용을 실시하였습니다. 그런데 이처럼 분야별 전문성을 인정받은 신입사원들이 정작 영업점에 배치되니 고객을 상대로 펀드 및 보험 상품을 제대로 판매하지 못하거나, 영업점에서의 고객 응대는 단순한 훈련일 뿐 자신에게 해당되는 본연의 업무가 아니라고 착각하여 회사 적응에 문제를 일으켜 탈락하는 사례가 발생했습니다. 이에 몇몇 은행에서는 앞선 사태를 방지하기 위해 아예 영업력 검증을 최우선으로 하는 PT 면접과 함께 한층 강화된 Role Play 세일즈 면접을 진행하기도 하였습니다.

영업은 단지 사람을 대하는 일에 능숙하고 말을 잘 하며 대인관계가 좋은 이들만이 해낼 수 있는 업무가 아닙니다. 특히 금융권에서의 영업은 고객이 되는 개인 혹은 기업의 상황을 분석하고 니즈를 파악하며 그에 맞게 적절한 상품을 권유할 수 있는 지식과 전문성이 필요합니다. 핵심 직무에 배치되더라도 경력 초기부터 지나치게 세분화된 분야에 치우쳐 업무를 진행하게 되면 관리자가 되었을 때 업무관리 능력과 리더십에서 한계에 부딪히게 됩니다.

입사 후 영업점에서 근무하는 기간은 현장을 집중적으로 경험하며 경력 발전의 계기가 되는 소중한 시간입니다. 주어진 시간을 기회로 만들 것인가, 아니면 귀찮고 하기 싫은 마음에 시간을 억지로 때워 경력을 낭비하게 되느냐는 본인에게 달려 있습니다.

Q 은행을 비롯한 금융기관에서는 직무가 순환된다고 들었는데 제가 원하는 곳으로도 배치가 가능할까요?

A 기업에서는 어떤 직무를 위한 인력이 필요할 때 새롭게 경력자를 채용하기도 하지만, 일반적으로는 순환 보직 또는 내부 지원 및 교육 등을 통해 내부 인력 중에서 마땅한 인재를 선별 및 발굴하고자 노력합니다.

따라서 입사 직후에는 회사 내부 방침에 따라 경력을 쌓게 되지만, 본인이 원하는 직무가 있다면, 회사 전략에 맞추어 스스로 원하는 인재로 경력을 개발하고 성장하기 위해 노력해야 합니다. 희망 부서 및 업무가 있다면 성급해 하지 말고 회사 내 제도를 이용하여 상사 혹은 인사 부서에 자신의 의사를 밝힐 필요가 있습니다.

더불어 본인의 희망 업무와 관련된 회사 내부 및 외부 교육에 관심을 갖고 교육기회가 생길 때마다 신청하고 참여하며 관련된 자격증을 취득해 본인이 해당 업무 적임자임을 회사에 알려주는 것이 필요합니다.

Q 최근 은행에서 자기소개서에 자격증란을 없애고 있는 추세인데 정말 자격증 말고 다른 경험에 투자하는 게 맞을까요?

A 은행 자기소개서에서 자격증란이 없어지는 것이 곧 자격증이 불필요하다는 것을 의미하지는 않습니다. 자격증이라는 것은 그 일을 해낼 수 있는 능력을 갖추고 있다는 것을 알려 주는 일종의 신호입니다. 최근 자기소개서에서 자격증란을 없애는 것은 자격증만으로 지원자의 실력을 검증하는 것에 한계가 있고, 또 자격증 자체가 기업에서 지원자로부터 확인하고 싶은 능력과는 다소 차이가 있기 때문입니다. 자격증은 여전히 유효하며, 오히려 사전에 취득하지 않았다면 입사 후 업무를 위해 취득해야 할 때도 있습니다.

자격증을 취득할 때에는 이 자격증이 왜 필요하고 어디에 활용할 수 있는지를 알아두는 것이 효과적입니다. 활동과 경험도 마찬가지입니다. 인사 담당자들은 활동, 경험, 자격증에 구분을 두어 점수를 부여하는 것이 아니라 자격증 취득이나 관련 경험에 대한 활동과 같은 일련의 준비를 통해 직무에 대한 이해도와 관련 능력을 갖추었는지를 중요시합니다.

자격증 취득을 위하여 노력 및 활동을 했다는 한 줄의 기록 속에 담긴, 여러분이 느낀 점과 깨달음의 깊이가 바로 기업 입장에서 궁금한 점입니다. 판매 아르바이트를 예로 들자면 '열심히 했고 잘 팔았습니다.'로 끝맺는 대신 '주로 방문하는 고객들의 성향과 기호를 파악했는지', '하루에 주로 매출에 기여하는 제품은 어떤 것인지', '막무가내이거나 까다로운 고객을 응대하는 매뉴얼과 본인만의 요령은 무엇인지'를 설명할 수 있어야 합니다.

제가 직접 면접을 했던 지원자 중 다수는 한 두 가지 자격증이라도 소지하고 있었고, 관련 활동과 판매 아르바이트의 경험 등 스펙은 화려했지만, 정작 자격증 취득과 활동의 목적을 정확히 꿰뚫지 못하고 있었습니다. 반면에 자격증도 없고 짧은 시간 동안 금융권 취업을 준비했지만 금융상품을 이용하는 소비자들의 요구를 섬세하게 분석함으로써 면접에서 최고 점수를 받고 합격한 지원자도 있었습니다.

결국 자격증, 경험, 활동 등 단순한 스펙 그 자체보다는 경험을 통해 느끼고 성장하여 갖추어진 남들과 구별되는 능력이 핵심입니다.

❓ 금융공기업에도 순위가 있다고 하던데 어떤 기준으로 접근해야 하며, 지원 시 어떤 자격증이 필요한가요?

🅐 금융권에서 공채를 실시하는 곳 중 가장 입사가 어렵기로 소문난 곳은 한국은행, 금융감독원, 예금보험공사, KDB산업은행, 한국거래소 등으로 이들 기관들을 소위 A매치라고 부르기도 합니다. 많은 취업준비생들이 이들 금융공기업에 가고 싶어하는 이유는 그곳에서만 쌓을 수 있는 전문 경력과 사회적 위상 및 직업의 안정성 때문입니다.

하지만 금융공기업 사이에 특별한 순위가 존재하는 것은 아니고, 똑같은 경력 중에 서열이 형성되는 것 또한 결코 아닙니다. 게다가 이들 기관 외에도 경력을 쌓은 후에나 진입할 수 있는 알짜 기관도 있습니다. 따라서 기업을 선택할 때는 금융 분야 중 본인이 하고 싶은 직무와 쌓고 싶은 전문 분야에서 나의 경력과 적합한 곳인지를 따져보는 것이 먼저입니다.

분야별, 기관별로 선호하는 자격증과 역량이 다르기 때문에 빠르게 진로를 정한 뒤 기관의 성격을 파악하는 것이 취업 성공에 유리합니다. 다만 이들 기관은 기업금융의 비중이 높아 기업 분석을 위한 회계, 경제, 재무에 관련된 기초와 기본기가 탄탄해야 하며 공인회계사, 변호사, CFA(Chartered Financial Analyst, 국가공인재무분석사) 등의 전문 자격증 소지자는 다른 전형을 통해 따로 뽑거나 공채에서 높은 가점을 주기도 합니다. 이들 기관은 전공 시험에서 상당히 높은 수준의 지식을 요구하며 금융논술을 실시하기도 하므로 채용 전형에 대하여 정확히 알아보고 미리 준비해야 합니다. 이외에는 인턴에 대한 가점, 인턴 경험자들을 위한 전형 또는 기관 주체로 실시하는 경진대회의 입상에 대한 가점 등이 있습니다.

Ⓠ 면접관들은 지원동기를 확인할 때 지원자의 어떤 모습을 보고 채용에 대한 확신을 하시는지 궁금합니다.

Ⓐ 크게는 지원동기에 적힌 내용과 면접에 임하는 후보자의 태도로 구분하여 말할 수 있습니다. 지원동기에서는 입사 후 구체적으로 하고 싶은 일과 그 일을 해내기 위해 지원자가 그동안 준비해 온 것들을 중요시합니다. 가끔 홈페이지에서 찾아보면 쉽게 알 수 있는 기업의 장점과 최신 뉴스를 바탕으로 지원 기업의 칭찬을 늘어놓는 지원자들이 있는데, 그런 식의 대답은 '이 회사는 좋은 회사이기 때문에 숟가락을 얹고 싶다.'라는 뜻으로 밖에는 들리지 않습니다.

금융권에서 종사하고 싶은 이유, 특히 무수한 금융권 직무 중에서도 이 업종, 이 회사에 오고 싶은 이유를 구체적으로 대답함으로써 지원자의 확신을 보여줄 수 있습니다. 이와 같이 확신이 보이는 답변을 준비하기 위해서는 업종과 기업에 대해 정보를 찾아보고 구체적인 직무를 알아보기 위한 과정이 필요하지만, 그 준비에 대한 노력도 지원자의 능력으로 평가 대상이 됩니다.

자신감이 있고 밝은 후보자의 태도는 면접관에게 호감을 줍니다. 비록, 자신감 있는 밝은 모습이라는 것이 객관적인 기준으로 설명할 수 있는 것은 아니지만 무조건 소리 높여 크게 이야기하고 계속 웃기만 하는 것과 차이가 있음은 확실합니다.

평소 말을 잘 못하거나 표현력이 약하다고 생각하는 지원자들은 면접장에서 이러한 점을 미리 걱정하여 얼굴에 근심이 나타나기도 하고, 웃는 표정을 어색하게 지어 되레 안 좋게 비춰지는 경우도 종종 있습니다. 따라서 자신감을 갖고 밝은 모습을 보여주기 위해서는 모의 면접이나 밖으로 자신의 의견을 소리 내어 말하는 훈련을 지속적으로 해야 합니다.

추가로, 기업에서는 멘탈이 강한 지원자를 선호합니다. 멘탈이 강하다는 것은 상사나 선배로부터 업무에 대해 핀잔을 듣거나 주의를 받았을 때 언짢은 기분을 빨리 다잡고 회복하여 업무에 서둘러 복귀할 수 있는 회복능력을 의미하며, 이는 속된 말로 '맷집이 강하다'고 표현됩니다.

최근 사회에 진출하는 신입은 부모님의 사랑을 듬뿍 받고 주변인들로부터 존중을 받고 자란 세대이다 보니 상사와 선배의 싫은 소리를 참지 못하거나 자존심의 상처로 크게 반발하여 문제가 되는 사례가 왕왕 발생합니다. 이때 업무와 개인적인 감정은 구별하며, 업무에 대한 쓴 소리는 사회생활에서 자신의 발전에 큰 도움이 됨을 잊지 않았으면 합니다.

또한 면접에서 조심해야 할 행동은 지원한 회사를 칭찬하기 위해 타사의 문제점을 부각시키거나 타사를 깎아 내리는 답변을 하는 것입니다. 일례로 몇몇 은행에서 파생결합증권을 편입한 펀드를 판매하다 원금 손실로 고객에게 엄청난 손해를 끼친 사고를 언급하며, '타 은행에서는 위험한 펀드를 판매하는 비도덕적인 영업을 하고 있는데 이곳은 정직한 은행이란 믿음이 생겨 지원하게 되었다.'고 말한 지원자가 있었는데, 면접관의 눈에는 그 지원자가 '당행을 사랑하는 후보'로 보이긴커녕 다소 위험한 발언을 일삼는 지원자로 보였을 가능성이 훨씬 높습니다.

Q 자기소개서나 면접에서 각 은행 지점의 개선점을 물으러 직접 지점에 가보았는지 여부를 묻곤 하는데 은행에 가면 어떤 부분을 알아보아야 하나요?

A 자기소개서나 면접에서는 먼저 질문에 대한 의도를 파악할 줄 알아야 합니다. 은행 전체 또는 지점의 개선점을 물어보는 것은 당행에 대한 관심과 타사와의 차이점을 분석해 보려고 노력했는지를 파악하기 위함입니다. 일종의 정답이 없는 질문으로, 직접 발로 뛰는 지원자의 열정과 성의를 알아보려는 질문에 무조건 어떤 점이 좋았다고 칭찬 일색으로 답하는 것은 적절하지 않습니다. 그렇다고 지점을 방문해서 '면접을 앞두고 지점을 알아보기 위해 왔다.'고 영업점에 계신 분들에게 직접 도움을 청한들, 그들은 지원자에게 해당 지점에 대해 좋은 인상을 주고자 장점만을 부각시킬 뿐입니다.

따라서 지원자라면 각 지점의 직원마다 고객을 응대하는 태도의 차이점이라도 있는지 세심하게 관찰하여 비교할 수 있어야 합니다. 예전에 '해당 은행의 영업점 간판이 나무에 가려져 잘 보이지 않아 찾는 데 어려움이 있었다.'고 본인이 느낀 불편함을 솔직하게 말하거나, '2층에 위치한 한 지점은 노인분들이 많이 찾으시는 곳인데, 찾아간 당시 엘리베이터가 고장이어서 가파른 계단을 이용하시는 어르신들이 불편해하시더라.'고 대답하여 좋은 점수를 받은 면접자들이 있었습니다.

Q 기관마다 면접 방식이 다르고, 또 유형도 여러 종류가 있다고 하는데 어떻게 준비해야 할까요?

A 면접은 지원서나 필기시험을 통해서는 검증할 수 없는 역량 부분에 주로 초점을 맞추어 진행됩니다. 따라서 직무에 필요한 지식이나 전문 분야에 대한 이해를 중심으로, 인성 및 윤리, 대인관계, 의사소통능력 등의 능력

을 평가하며, 추가로 영업능력과 실무능력을 검증하기 위한 세일즈 면접과 인바스켓 면접이 진행되는 추세입니다.

단, 면접 방법을 달리하더라도 검증하고자 하는 능력의 종류는 거의 비슷합니다. 수학에서도 공식에 대한 철저한 이해를 마친 이가 응용문제에도 강하듯이 면접 방식에 따른 각각의 면접을 준비하기 이전에 기본기를 다지는 것이 필수입니다. 지원동기, 직무에 대한 실질적인 이해, 경력 목표, 금융분야의 어려움 등 내용에 관련된 부분과, 표정, 말하기, 자세 등 태도와 관련된 부분을 나누어 체크리스트를 만들고 점검해 보는 것이 좋습니다. 아울러 최근 추가된 AI 면접에 대응하기 위해 AI 면접 도구 개발 회사에서 제공하는 보급판 등이 있으니, 참고하여 준비해 보는 것을 추천합니다.

◻ 통계 전공을 살려서 취업할 수 있는 금융 분야가 있을까요?

▣ 최근 온라인 전문은행과 온라인 전문증권사가 생겨나면서 기존 대형 은행과 증권사들은 영업 면에서 많은 위협을 느끼고 있습니다. 따라서 온라인 사업부를 확장하는 등 조직을 강화하고 있으며 인터넷 전문 금융기관에 주주로서 지분참여도 활발히 하고 있습니다.

예전처럼 금융회사들이 똑같은 전문지식을 갖춘 전문가들에게 더 이상 의지할 수 없는 시대가 도래했습니다. 특히 통계는 금융뿐만 아니라 전 산업에 걸쳐 그 중요성이 부각되고 있으며, 통계 전공자들은 분야를 막론하고 꾸준히 채용되고 있습니다. 따라서 단순히 통계 전공으로 끝나는 것이 아니라 얼마나 전문성을 갖추고 있느냐가 중요합니다. 실제로 통계나 디지털 전공자를 채용할 때 석사 이상의 학위 소지자를 선호하는 기관이 많습니다.

금융권의 인재 채용규모가 줄었고, 또 앞으로 전망이 밝지 않다고는 하지만 통계뿐만 아니라 금융과 조합이 가능한 새로운 분야에서 필요로 하는 융합형 인재에 대한 요구는 계속해서 늘어날 전망입니다.

증권사의 주식 리서치 분야만 해도 기업을 분석하기 위한 회계, 재무 지식이 기본이지만, 동시에 산업 분야에 대한 이해와 통찰력 없이는 양질의 산업분석 보고서를 낼 수 없습니다. 때문에 증권 및 은행의 신용분석 부서 업무자들은 산업 분야에 대해 끊임없이 학습하거나 꾸준히 교육을 받기도 합니다. 이는 투자 분야도 마찬가지입니다. 투자를 집행하려는 분야를 모른 채 금융 전문 지식으로만 투자를 진행하기는 어렵습니다. 자신의 전공을 기반으로 어떤 분야를 조합하고 융합한 인재가 될 것인가에 대한 고민과 실천이 미래를 위한 기본 준비입니다.

■ 업종별 관련 자격증

증권 선물

ㅁ펀드투자권유대행인	license.kofia.or.kr
ㅁAFPK	www.fpsbkorea.org
ㅁCFP	www.fpsbkorea.org
ㅁ투자자산운용사	license.kofia.or.kr
ㅁ증권투자권유대행인	license.kofia.or.kr
ㅁ펀드투자권유자문인력	license.kofia.or.kr
ㅁ증권투자권유자문인력	license.kofia.or.kr
ㅁ파생상품투자권유자문인력	license.kofia.or.kr
ㅁ금융투자분석사(CRA)	license.kofia.or.kr
ㅁ재무위험관리사(FRM)	license.kofia.or.kr

은행

ㅁ신용분석사(CCA)	www.kbi.or.kr
ㅁ여신심사역(CLO)	www.kbi.or.kr
ㅁ국제금융역	www.kbi.or.kr
ㅁ자산관리사(은행 FP)	www.kbi.or.kr
ㅁ신용위험분석사(CRA)	www.kbi.or.kr
ㅁ외환관리사	www.kita.net
ㅁ외환전문역(1,2종)	www.kbi.or.kr
ㅁ은행텔러	www.kbi.or.kr
ㅁ중소기업금융상담사	www.kbi.or.kr
ㅁ기업재무상담사	www.kbi.or.kr
ㅁ자금운용역	www.kbi.or.kr

보험

ㅁ보험계리사	www.insis.or.kr
ㅁ손해사정사	www.insis.or.kr

*출처: 금융투자협회 자료실 NCS 분야 채용 가이드북

몇 달 전 아들이 보여준 더닝 크루거 효과(Dunning-Kruger Effect)에 관한 그래프를 보고 잠시 충격에 빠진 일이 있었다. 지식 입문의 초기 단계, 즉 아는 것이 별반 없는 사람의 자신감 크기가 최상의 전문가와 같은 수준이라는 것이다. '혹여 내가 환영적 우월감을 갖고 있는 것은 아닐까?' 하고 부끄러운 마음으로 나의 현재 지식 수준과 행동을 돌아보게 됐다. 한편으로는 직장을 구하기 위해 해외에서 갓 귀국하여 내게 찾아왔던 유학생들의 하늘을 찌르던 자신감이 떠올랐다. 그중에는 시간이 흘러 다시 만났을 때 놀랍도록 부드럽고 성숙해진 이들도 있었는데 그땐 그들의 성장에 마음이 훈훈해지기도 했다.

어릴 적부터 나는 길을 찾아다니고 지도를 상상하는 것을 참 좋아했다. 평소 다니던 골목과 골목이 서로 어떻게 연결되어 있는지 궁금해했는데, 초등학교 4학년 때 사회 수업에서 동네 지도를 그려오라고 한 선생님 말씀을 제대로 이해하지 못하고 전지를 사서 내가 사는 석관동 전체를 다 그려간 적이 있었다. 그것도 큰길을 중심으로 1, 2동을 모두 자로 재어 측량하듯이 말이다. 부동산 중개소에서나 볼만한 큰 지도를 그려 놓은 나는 막상 조그맣고 예쁘게 자신의 집과 가게를 색색으로 칠해 온 친구들 것을 보고 창피한 마음에 차마 그려온 지도를 펼쳐 보여주지도 못했다.

이 피곤한 호기심은 나를 가만 놔두지 않았다. 업무로 후보, 고객사, 협력자를 만나면서 정보와 경력이 쌓이는 동안 나 스스로 여러 가지를 찾아보게 종용했다. 은행, 증권사, 보험사, 자산운용사와 건설사, 그 상관관계 속에는 놀랍도록 많은 것들이 숨어 있었다. 마치 지도의 길과 길 사이에 수많은 집과 사람들이 존재하고 있었던 것처럼.

고객사의 의뢰로 후보들을 만나면 검증과 선발을 위한 대화의 시간이 필요하다. 당시 나는 각 분야 최고의 금융 전문가들과 나눈 짧은 대화의 시간 동안 경력 정보 외에 그들이 쏟아내는 보석 같은 지식을 담을 수 있는 '카테고리의 방'이 없다는 것이 정말 답답하고 부끄러웠다.

나의 지식은 얕고 넓은 지식이다. 나는 비록 자산을 구조화하고 그 복잡한 파생상품을 만들어 낼 수 있는 전문가의 실무지식은 없지만, 금융의 지도에서 나침반을 들고 원하는 길을 정확히 찾도록 도와주는 안내자가 되기 위해 지금까지 노력해 왔다.

책을 쓴다는 것은 용기가 필요한 일이다. 많은 사람 앞에서 때로는 보여주고 싶지 않은 치부까지도 드러내야 하는 노출의 과정이기 때문이다. 그런데도 불구하고 용기를 낸 것은 내가 현장에서 얻은 경험이 사회에 첫발을 내딛으려는 이들에게 조금이라도 도움이 되기를 바라는 마음에서다.

우리나라 사람들은 어른이나 아이들 할 것 없이 참으로 똑똑하다고 느낄 때가 많다. 하지만 이러한 총명함은 비교와 서두름이라는 병에 의해 상처받고 배움에 흥미를 잃어버리며 퇴색되곤 한다. 비록 나는 학창 시절에 열심히 하는 모범생은 아니었지만, 사회에 나와 스스로 찾아서 하게 된 공부는 학생 때와는 비교도 되지 않을 만큼 재미가 있었다. 게다가 신경 써야 할 성적표도 없다. 스스로 동기를 갖고 시작한 것은 소중하고 즐겁다. 많은 독자가 이처럼 재미를 느끼고 금융 공부를 시작하는 불씨를 갖게 되었으면 한다.

이 책을 위해 오랜 시간 인내하며 응원해 준 출판사 관계자들께 진심으로 감사드린다. 무엇보다 책을 쓴다는 핑계로 집안일에서 손을 놓고 있을 때 이해하고 도와준 가족들, 내게 늘 따뜻한 말과 응원으로 힘을 준 선배와 지인들, 책을 쓸 수 있도록 많은 영감을 준 학생들에게도 고마움을 전한다. 마지막으로 이 책의 공동 작업을 흔쾌히 수락하고 본인의 지식과 노하우를 아낌없이 쏟아 내어준 한정현 박사에게 깊은 존경과 감사의 마음을 보낸다.

김현빈

◀◎ 참고문헌

- 김석진, 김주현, 우영호, 이원흠, 장범식, 차명준, 『한국자본시장론』(삼영사, 2017)

- 김종선, 김종오, 『금융제도의 이해』(한국방송통신대학교출판문화원, 2018)

- 윌리엄 N. 괴츠만, 『금융의 역사』, 위대선 옮김(지식의 날개, 2019)

- 박강우 김종오, 『금융시장론』(한국방송통신대학교출판문화원, 2017)

- 손도일, 『국부전쟁』(매일경제신문사, 2011)

- 신무경, 『인터넷 전문은행』(미래의창, 2016)

- 이혁재 외, 『파이낸스 커리어 바이블』(매일경제신문사, 2011)

- 이흥모, 『단숨에 배우는 금융』(새로운사람들, 2014)

- 조붕구, 『은행은 당신의 주머니를 노린다』(시공사, 2020)

- 최혁, 『2008년 글로벌 금융위기 – 현대인을 위한 금융특강』(K books, 2009)

- 홍춘욱, 『50대 사건으로 보는 돈의 역사』(㈜로크미디어, 2019)

- 홍춘욱, 『7대 이슈로 보는 돈의 역사』(㈜로크미디어, 2020)

- FCBTS 학회, 이혁재 외, 『파이낸스 커리어 바이블 실전편 2』(매일경제신문사, 2013)

◀◎ 참고사이트

- 금융위원회 www.fsc.go.kr

- 한국은행 www.bok.or.kr

- 금융감독원 www.fss.or.kr

- 예금보험공사 www.kdic.or.kr

- 한국자산관리공사 www.kamco.or.kr

- 신용보증기금 www.kodit.co.kr

- 기술보증기금 www.kibo.or.kr

- 한국거래소 www.krx.co.kr

- 한국예탁결제원 www.ksd.or.kr
- 한국벤처투자 www.kvic.or.kr
- 서민금융진흥원 www.kinfa.or.kr
- HF한국주택금융공사 www.hf.go.kr
- 한국부동산원 www.reb.or.kr
- 한국산업은행 www.kdb.co.kr
- 수출입은행 www.koreaexim.go.kr
- IBK기업은행 www.ibk.co.kr
- 농협은행 www.nhbank.com
- 수협은행 www.suhyup-bank.com
- KB국민은행 www.kbstar.com
- 하나은행 www.kebhana.com
- 신한은행 www.shinhan.com
- 우리은행 www.wooribank.com
- 케이뱅크 www.kbanknow.com
- 카카오뱅크 www.kakaobank.com
- 전국은행연합회 www.kfb.or.kr
- 한국금융연수원 www.kbi.or.kr
- 금융투자협회 www.kofia.or.kr
- 생명보험협회 www.klia.or.kr
- 손해보험협회 www.knia.or.kr
- 보험개발원 www.kidi.or.kr
- 보험연구원 www.kiri.or.kr

좋은 책을 만드는 길
독자님과 함께하겠습니다.

도서나 동영상에 궁금한 점, 아쉬운 점, 만족스러운 점이
있으시다면 어떤 의견이라도 말씀해 주세요.
SD에듀는 독자님의 의견을 모아 더 좋은 책으로 보답하겠습니다.

www.sdedu.co.kr

금융 직무핵심 마스터

개정1판1쇄	2023년 02월 10일(인쇄 2022년 10월 20일)
초 판 발 행	2021년 05월 20일(인쇄 2021년 05월 13일)
발 행 인	박영일
책 임 편 집	이해욱
편 저	김현빈 · 한정현
편 집 진 행	김지운 · 이유진
표지디자인	이미애
편집디자인	홍영란 · 박서희
발 행 처	(주)시대고시기획
출 판 등 록	제 10-1521호
주 소	서울시 마포구 큰우물로 75 [도화동 538 성지 B/D] 9F
전 화	1600-3600
팩 스	02-701-8823
홈 페 이 지	www.sdedu.co.kr
I S B N	979-11-383-3605-5 (13320)
정 가	15,000원